KB181331

G2 중국어 초급

다락원

MP3 파일 다운로드 및
실시간 재생 서비스

저자 변성규·이경원·WANG FEI
펴낸이 정규도
펴낸곳 (주)다락원

초판 1쇄 발행 2022년 3월 7일
초판 2쇄 발행 2024년 9월 18일

기획·편집 박소정, 오혜령, 이원정, 이상윤
디자인 구수정, 김나경, 박선영
사진 Stutterstock

다락원 경기도 파주시 문발로 211
전화 (02)736-2031(내선 250~252 / 내선 430, 437)
팩스 (02)732-2037
출판등록 1977년 9월 16일 제406-2008-000007호

Copyright © 2022, 변성규·이경원·WANG FEI

ISBN 978-89-277-2298-4 13720

www.darakwon.co.kr
다락원 홈페이지를 방문하시면 상세한 출판 정보와 함께 동영
상 강좌, MP3 자료 등 다양한 어학 정보를 얻으실 수 있습니다.

*저자의 말

G2라는 용어에 '중국 위협론'을 과장하기 위한 의도가 담겨 있다고 해석하는 이들도 있지만 대부분은 G2가 어느덧 최강대국 미국과 어깨를 나란히 하는 신흥강국 중국의 부상을 의미한다고 보고 있습니다. 경제와 군사의 영역에서 급상승한 14억의 거대한 중국 시장이 바로 옆에 있다는 것은 기회이자 도전이면서 압박과 위협이기도 하다는 것을 우리는 이미 경험적으로 체득하고 있습니다. 중국이 어떤 상황으로 변하든 한국의 경제적 번영의 어려운 숙제는 감정적 호불호를 넘어서는 중국과 중국 시장에 대한 냉정한 이해와 판단에 달려있습니다. 이제부터야말로 언어부터 시작해서 절대 시간을 투자하여 중국의 정치, 경제, 사회, 문화와 시장에 대한 공부를 차분히 쌓아나가야 할 때입니다.

본 교재는 효율적인 학습을 위하여 매 과 앞부분에 학습 목표와 기본 문형을 먼저 제시하여 학습 대상과 범위를 명확히 하였고, 각 과는 두 세트의 대화(실력 쌓기)와 치환 연습(전진하기), 문법 설명(내공 쌓기), 연습 문제(단련하기), 간체자 연습(부록)으로 구성되어 있습니다. 집필 시에는 다음 몇 가지 사항들을 특히 염두에 두었습니다.

첫째, 젊은 학생들에게 쉽게 다가가기 위해 필수적이고 평이한 단어로 구성하였습니다. 중국어는 한자를 사용하기 때문에 한글 전용 세대인 요즈음 학생들이 겁부터 먹는 경향이 있다는 점을 고려하여 HSK 1, 2급을 기준으로 최대한 쉽고 필수적인 단어만을 선정하여 비교적 편안한 마음으로 초급 중국어에 다가갈 수 있게 하였습니다.

둘째, 반복 연습을 통하여 학습 효과를 높였습니다. 갓난아이가 처음 말을 배울 때 '엄마'라는 말을 만 번쯤 듣고서야 따라 한다는 말이 있듯이 언어는 반복 학습이 중요합니다. 본 교재는 유사한 단어와 문형을 반복해서 공부할 수 있도록 구성하여 효율적 언어 학습의 원리를 구현하고자 하였습니다.

셋째, 현실 생활과 밀접하게 관련지어 구성하였습니다. 교재의 내용을 현대 중국인들이 실생활에서 일상적으로 경험하는 내용이나 상황 위주로 구성하여 교재만 착실히 공부하면 바로 그 상황 속에 들어가 회화가 가능하도록 하였습니다.

넷째, 중국에 대해 거시적 관점에서 깊이 있게 소개하였습니다. 어디서나 찾을 수 있는 문화에 대한 소개는 매 과의 앞부분에 사진으로 핵심적인 특징을 제시하는 방식으로 그 주제를 개괄하였습니다. 매 과의 마지막에는 중국의 정치, 경제, 사회와 중국인의 사유 방식과 관련된 주제를 심도 있게 분석하여 학생들이 현대 중국을 적확하게 이해할 수 있도록 배려하였습니다. 이는 학생들의 중국에 대한 관심과 학습 동기 유발에 큰 도움이 되리라고 생각합니다.

이 책은 실제 대학에서 다년간 초급 중국어 교재로 사용하면서 여러 교수님과 원어민 선생님이 세세한 부분까지 열띤 토의를 거쳐 완성도를 담보할 수 있도록 애를 많이 써주신 결과물입니다. 나름의 예쁘고 당당한 모습으로 책이 나올 수 있도록 힘을 보태어 주신 모든 분들께 그저 감사한 마음뿐입니다.

변성규 · 이경원 · WANG FEI

*목차 및 구성

기본 문형	주요 어법	G2 중국
01 중국어 기초 다지기		10
	• 중국어 기초 상식 • 성조 • 단운모와 성모 • 결합운모 • 성조의 변화	
02 你好! Nǐ hǎo! 안녕하세요!		24
• 你好! • 再见!	• 인칭대명사 • 儿화	• 왜 중국어인가?
03 你忙吗? Nǐ máng ma? 바쁘세요?		34
• 你忙吗? • 你去哪儿? • 你累不累?	• 형용사술어문 • 동사술어문 • 정반의문문	• 중국의 변화를 읽자!
04 你叫什么名字? Nǐ jiào shénme míngzi? 이름이 뭐예요?		44
• 你叫什么名字? • 她是谁? • 你是韩国人吗?	• 의문대명사 什么, 谁 • 是자문 • 구조조사 的	• G2 중국
05 你家有几口人? Nǐ jiā yǒu jǐ kǒu rén? 가족이 몇 명이에요?		54
• 你家有几口人? • 你爸爸在哪儿工作? • 你妈妈做什么工作?	• 양사 • 有자문 • 전치사 在	• 꽌시 – 세월과 신용으로 만든 친구
06 你今年多大了? Nǐ jīnnián duōdà le? 올해 몇 살이에요?		64
• 你今年多大了? • 你是哪年生的? • 他几岁了?	• 명사술어문 • 어기조사 了 • 지시대명사	• 중국 소비자 공략
복습 **01** 复习(一) Fùxí(yī)		74
	• 01~06과 발음, 단어, 회화, 어법 복습	

본과

01과는 중국어를 처음 접하는 학습자를 위한 과로, '중국어 기초 상식, 성조, 운모, 성모'에 대한 내용을 알기 쉽게 다루었습니다.

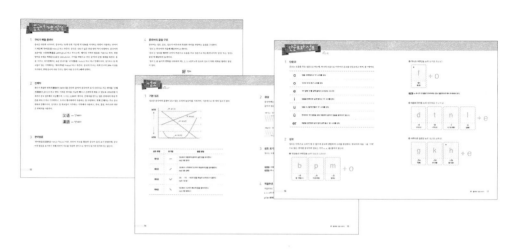

02과~06과, 07과~12과는 '과 소개→(토대 다지기)→블록 쌓기→실력 쌓기→내공 쌓기→단련하기→G2 중국' 순서로 구성되어 있습니다.

과 소개

각 과의 학습 목표와 기본 문형을 확인하고,
다양한 중국의 문화를 알아봅니다.

토대 다지기

녹음을 듣고 따라 해 보며
발음 기본기를 다집니다. (02과~06과)

블록 쌓기

효율적인 학습을 위해 회화 표현을 배우기에
앞서 각 과의 새단어를 익힙니다.

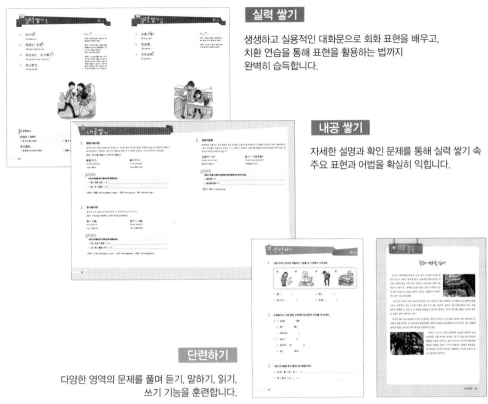

실력 쌓기

생생하고 실용적인 대화문으로 회화 표현을 배우고,
치환 연습을 통해 표현을 활용하는 법까지
완벽히 습득합니다.

내공 쌓기

자세한 설명과 확인 문제를 통해 실력 쌓기 속
주요 표현과 어법을 확실히 익힙니다.

단련하기

다양한 영역의 문제를 풀며 듣기, 말하기, 읽기,
쓰기 기능을 훈련합니다.

G2 중국

중국의 정치, 경제, 사회 등 다양한 주제의
글을 읽으며 중국을 깊이 있게 이해합니다.

복습과

복습 01, 복습 02는 01과~06과, 07과~12과에 대한 복습 과로, '블록 쌓기 → 실력 쌓기 → 내공 쌓기' 순서로 구성되어 있습니다. 앞에서 배웠던 내용을 떠올리며 '주요 단어, 상황별 핵심 회화, 주요 어법'을 복습합니다.

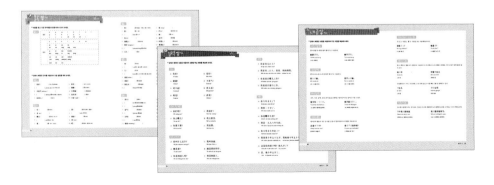

부록

'본문 해석, 모범 답안, 한어병음 자모 배합표, 단어 색인, 간체자 쓰기노트'로 구성되어 있습니다. '간체자 쓰기노트'에서는 뜯어 쓸 수 있는 간체자 노트가 제공됩니다.

본문 해석

모범 답안

한어병음 자모 배합표

단어 색인

간체자 쓰기노트

MP3 다운로드

MP3 음원은 다락원 홈페이지(www.darakwon.co.kr)에서 무료로 다운로드 받으실 수 있습니다. 스마트폰으로 QR코드를 스캔하면 MP3 다운로드 및 실시간 재생 가능한 페이지로 바로 연결됩니다.

01 문법 설명에서 빈어→목적어, 개사→전치사, 상황어→부사어, 한정어→관형어, 대사→대명사 등 중국어를 처음 접하는 한국인 학생들이 이해하기 쉬운 용어를 사용하였습니다.

02 중국의 지명은 중국어 발음을 한국어로 표기하였습니다.

예 北京 → 베이징　　　　上海 → 상하이

03 장소명은 중국어 발음, 한자 독음, 한자를 함께 표기하였습니다.

예 颐和园 → 이허위엔 (이화원, 颐和园)

04 인명은 각 나라에서 실제 사용하는 발음으로 표기하였습니다.

예 李民秀 → (한국인) 이민수　孙丽 → (중국인) 쑨리

05 이 교재에 제시된 단어의 품사를 다음과 같이 약어로 표기하였습니다.

명사	명	수사	수	부사	부
대명사	대	양사	양	전치사	전
형용사	형	수량사	수량	조사	조
동사	동	조동사	조동	접속사	접
				감탄사	감

우리와 바로 이웃한 중국, 우리는 중국에 대해 과연 얼마큼 알고 있을까요?
먼저 중국 성(省)지도와 국기에서부터 시작해 볼까요?

오성홍기 五星红旗

빨간 바탕은 혁명, 큰 별은 중국공산당, 작은 별은 인민을 의미합니다.
전체적으로 공산당 영도하의 인민의 대단결을 상징하지요!

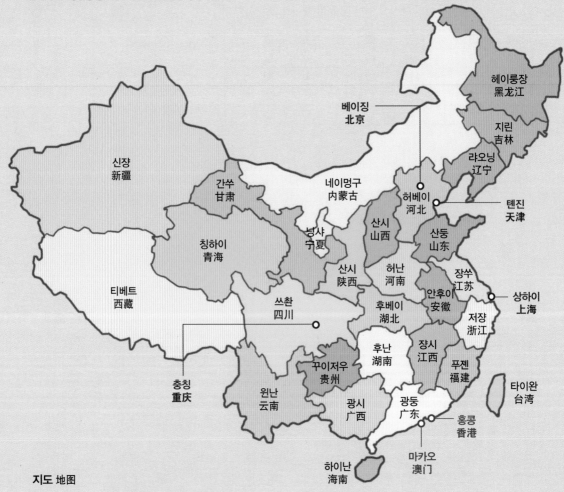

지도 地图

중국의 총 면적은 약 959만㎢로 한반도의 43.455배입니다.

01

중국어
기초 다지기

 학습목표

· 중국어 기초 상식
· 성조
· 단운모와 성모
· 결합운모
· 성조의 변화

중국어 기초 상식

1 우리가 배울 중국어

중국은 다민족 국가이다. 중국어는 56개 민족 가운데 약 92%를 차지하는 한족이 사용하는 언어이기 때문에 '한어(汉语 Hànyǔ)'라고 부른다. 중국은 국토가 넓은 만큼 방언 역시 다양하다. 중국어의 표준어를 '보통화(普通话 pǔtōnghuà)'라고 부르는데, 베이징 지역의 발음을 기준으로 하며, 북방 방언을 토대로 백화문(白话文 báihuàwén, 구어를 바탕으로 만든 문어)의 문법 체계를 따른다. 홍콩, 마카오, 타이완에서는 표준 중국어를 '국어(国语 Guóyǔ)'라고 하고 말레이시아, 싱가포르 등 화교들이 있는 지역에서는 '화어(华语 Huáyǔ)'라고 부른다. 중국의 인구는 세계 인구의 20% 이상을 차지하며, 현재 중국어 사용 인구는 영어 사용 인구의 3배에 달한다.

2 간체자

획수가 복잡한 번체자(繁体字 fántǐzì)를 간단히 줄여서 중국어의 표기 수단으로 쓰는 한자를 '간체자(简体字 jiǎntǐzì)'라고 한다. 어려운 한자를 가능한 빠르고 간편하게 배울 수 있도록 1950년대 이후부터 중국 정부에서 보급했으며 그 수는 2,200여 개이다. 간체자를 만드는 법은 번체자의 특정 부분을 따다 쓰거나 기호화하고, 초서나 행서체에서 차용하는 등 다양하다. 현재 간체자는 주로 중국 대륙과 말레이시아, 싱가포르 등 화교들이 거주하는 지역에서 사용하고, 한국, 홍콩, 마카오와 대만은 번체자를 사용한다.

汉语 ← 간체자
漢語 ← 번체자

3 한어병음

'한어병음(汉语拼音 Hànyǔ Pīnyīn)'이란, 라틴어 자모를 활용한 중국어 음성 표기 방법인데, 중국어의 발음을 표기하기 위해 라틴어 자모를 차용한 것이므로 영어식 읽기와 일치하지는 않는다.

4 중국어의 음절 구조

중국어는 성모, 운모, 성조가 어우러져 특정한 의미를 전달하는 음절을 구성한다.

'성모'는 한국어의 자음에 해당하며 21개이다.

'운모'는 성모를 제외한 나머지 부분으로 모음을 주요 성분으로 하는데 한국어의 '중성' 또는 '중성+종성'에 해당하며 36개이다.

'성조'는 음 높이의 변화를 나타내며 제1, 2, 3, 4성의 4개 성조와 성조가 약화·퇴화된 형태인 경성이 있다.

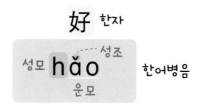

5 한국어와 중국어의 차이점

나는 너를 사랑해.

我 爱 你。

Wǒ ài nǐ.

❶ 어순

한국어: 주어+목적어+동사

중국어: 주어+동사+목적어

❷ 조사의 유무

한국어는 주격 조사(이·가), 목적격 조사(을·를)처럼 각종 격에 따른 조사가 있는 반면 중국어는 문장 내 위치가 격을 나타낸다.

❸ 어미 변화

한국어는 서술어의 어미 변화가 가능해서 '사랑한다, 사랑합니다, 사랑해요'와 같이 다양한 형태로 변화가 가능하지만 중국어는 형태 변화가 없다.

❹ 띄어쓰기

한국어는 띄어쓰기를 하지만 중국어는 띄어쓰기를 하지 않고 모두 붙여 쓴다.

1 기본 성조

성조란 중국어의 음절이 갖고 있는 소리의 높낮이를 가리키며, 기본적으로 네 개의 성조가 있다.

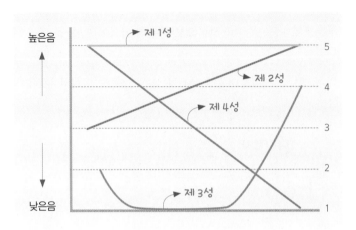

성조 유형	표기법	발음 방법
제1성	―	5도에서 처음부터 끝까지 같은 음을 유지한다. mā (妈 엄마)
제2성	／	3도에서 시작하여 5도까지 확실하게 음을 끌어올린다. má (麻 삼베)
제3성	∨	2도 → 1도 → 4도로 음을 확실히 낮추었다가 올린다. mǎ (马 말)
제4성	＼	5도에서 1도까지 빠르게 음을 떨어뜨린다. mà (骂 욕하다)

2 경성

중국어에는 기본 성조 외에 가볍고 짧게 발음하는 경성이 있다. 경성은 원래 소리보다 짧고 약하게 끊어서 읽는데, 앞 성조에 따라 음의 높낮이가 미묘하게 달라진다.

제1성 + 경성 — māma 妈妈

제2성 + 경성 — yéye 爷爷

제3성 + 경성 — nǎinai 奶奶

제4성 + 경성 — bàba 爸爸

3 성조 표기

성조는 모음 위에 표기하는데, 한 음절에 2개 이상의 모음이 있는 경우 표기 순서는 다음과 같다.

$$a > o = e > i = u = ü$$

Tip 1 i 위에 성조를 표기할 경우 위의 점을 생략한다.

Tip 2 i와 u가 같이 있을 경우 뒤에 위치하는 모음에 성조를 표기한다.

4 격음부호

격음부호(')는 a, o, e로 시작되는 성모가 없는 음절이 다른 음절의 뒤에 나올 때 그 음절이 시작되는 a, o, e의 괴측 위에 표기한다.

pí'ǎo (皮袄)   xī'ān (西安)   fāng'àn (方案)

단운모와 성모

1 단운모

운모는 모음을 주요 성분으로 하는데, 하나의 모음으로 이루어진 운모를 단운모라고 하며, 총 7개이다.

a	입을 크게 벌리고 '아' 소리를 낸다.
o	'오'와 '어'의 중간 소리를 낸다.
e	'어' 앞에 '으'를 살짝 붙여서 소리낸다. (으+어)
i	입술을 양쪽으로 길게 벌리고 '이' 소리를 낸다.
u	입을 조그맣게 만들어 '우' 소리를 낸다.
ü	한국어의 '위' 발음을 내되 처음부터 끝까지 입술을 움직이지 않는다.
er	혀끝을 입천장에 닿지 않게 살짝 들고 '얼' 소리를 낸다.

2 성모

성모는 단독으로 소리가 될 수 없으며 운모와 결합하여 소리를 완성한다. 한국어의 자음 ㄱ을 '기역'으로 읽는 것처럼 중국어의 성모는 각각 o, e, i를 붙여서 읽는다.

❶ 윗입술과 아랫입술 소리 (쌍순음 双唇音)

b	p	m	+ o
bā	pà	mǎ	
팔, 여덟(八)	무섭다(怕)	말(马)	

❷ 윗니와 아랫입술 소리 (순치음 唇齿音)

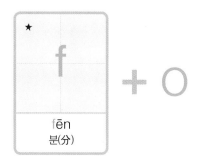

fēn
분(分)

Tip ★ 표시가 된 발음은 한국어에는 없는 발음이므로 특히 주의해야 한다.

❸ 혀끝과 윗잇몸 소리 (설첨중음 舌尖中音)

dà
크다(大)

tài
너무(太)

nǐ
너, 당신(你)

lù
길(路)

❹ 혀뿌리와 입천장 소리 (설근음 舌根音)

gǒu
개(狗)

kàn
보다(看)

hǎo
좋다(好)

❺ 혓바닥과 입천장 소리 (설면음 舌面音)

j	q	x
jiā	qù	xiǎo
집(家)	가다(去)	작다(小)

+ i

❻ 혀끝과 이 소리 (설첨전음 舌尖前音)

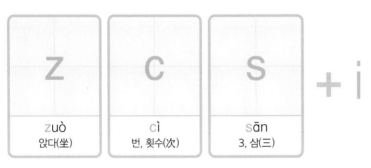

z	c	s
zuò	cì	sān
앉다(坐)	번, 횟수(次)	3, 삼(三)

+ i

❼ 혀끝과 입천장 소리 (설첨후음 舌尖后音)

★ zh	★ ch	★ sh	★ r
zhōng	chá	shì	rì
가운데(中)	차(茶)	그렇다, ~이다(是)	날, 일(日)

+ i

단운모 외에도 두 개 이상의 모음이 결합한 '복운모'와 하나 이상의 모음과 비음자음 '-n', '-ng'이 결합한 '비운모'가 있다.

1 'a, o, e'로 시작하는 운모

ai	**ei**	**ao**	**ou**
zài	měi	dào	zǒu
~에 있다(在)	아름답다(美)	도착하다(到)	걷다(走)

an	**en**	**ang**	**eng**	**ong**
lán	gēn	máng	téng	sòng
남색의(蓝)	~와(跟)	바쁘다(忙)	아프다(疼)	보내다(送)

2 'i'로 시작하는 운모

ia	**ie**	**iao**	**iou (iu)**
xià	bié	jiào	jiǔ
아래(下)	이별하다(別)	부르다(叫)	술(酒)

tiān 하늘(天)	xiǎng 생각하다(想)	xīn 마음(心)	tīng 듣다(听)	qióng 가난하다(穷)

* 한어병음 표기법(1)

i가 단독으로 쓰일 경우 i 앞에 y를 붙여 준다.

예 i → yi

i 앞에 성모가 오지 않는 경우 i를 y로 바꿔서 표기해 준다.

예 ia, ie, iao, iou, ian, iang, in, ing, iong → ya, ye, yao, you, yan, yang, yin, ying, yong

iou는 성모가 있을 경우 -iu로 표기되고 없을 경우 you로 표기된다.

예 niú, jiǔ, yòu

3 'u'로 시작하는 운모

zhuā 잡다(抓)	duō 많다(多)	kuài 빠르다(快)	shuǐ 물(水)

chuān 입다(穿)	shuāng 쌍(双)	tūn 삼키다(吞)	wēng 노인(翁)

* 한어병음 표기법(2)

u가 단독으로 쓰일 경우 u 앞에 w를 붙여 준다.

예 u → wu

u 앞에 성모가 오지 않는 경우 u를 w로 바꿔서 표기해 준다.

예 ua, uo, uai, uei, uan, uang, uen, ueng → wa, wo, wai, wei, wan, wang, wen, weng

uei와 uen은 각각 성모가 있을 경우 -ui와 -un으로 표기되고, 없을 경우 각각 wei와 wen으로 표기된다.

예 zuǐ, guì, wéi / gǔn, kùn, wén

4 'ü'로 시작하는 운모

üan	üe	ün
quán	xué	jūn
전부의(全)	배우다(学)	군, 군대(军)

* 한어병음 표기법(3)

ü가 단독으로 쓰일 경우 ü 위의 두 점을 빼고 앞에 y를 붙여 yu로 표기해 준다.

예 ü, üan, üe, ün → yu, yuan, yue, yun

ü와 결합할 수 있는 성모는 n, l, j, q, x 5가지 뿐이다. 이 중 j, q, x가 ü와 결합하면 ü 위의 두 점은 생략해서 표기한다.

예 nǚ, lǜ, jūn, qù, xū

성조의 변화

1 제3성의 성조 변화

제3성은 단독으로 쓸 때는 원래대로 발음하지만, 뒤에 제3성이 연이어 나올 때는 앞의 음절을 제2성으로 발음한다. 성조 표기는 바뀌지 않는다.

> **제3성 + 제3성 → 제2성 + 제3성**

nǐ hǎo (你好)　　　hěn hǎo (很好)

제3성이 제1, 2, 4성, 경성 앞에 나오면 앞의 음절은 반3성으로 발음한다.

> **제3성 + 제1, 2, 4성, 경성 → 반3성 + 제1, 2, 4성, 경성**

lǎoshī (老师)　　　qǐchuáng (起床)　　　nǔlì (努力)　　　jiějie (姐姐)

반3성은 제3성의 변형된 형태로, 현대 중국어에서 제3성보다 출현 빈도가 훨씬 높은 성조이다. 반3성은 낮게 내려갔다가 올라오는 후반부의 소리가 뒤에 이어지는 성조로 인해 나타나지 않게 되는 형태이다.

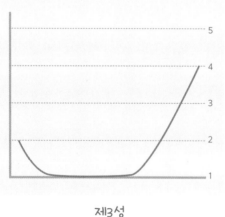

제3성　　　　　　　　　반3성

22

2 不의 성조 변화

'不'는 뒤에 제1, 2, 3성이 오거나 단독으로 쓰일 때는 원래대로 제4성으로 발음한다.

> 제4성(不) + 제1, 2, 3성 → 제4성(不) + 제1, 2, 3성

bù chī (不吃)   bùxíng (不行)   bù hǎo (不好)

'不' 뒤에 제4성이 이어질 경우 제2성으로 변한다. 성조 표기도 바뀐다.

> 제4성(不) + 제4성 → 제2성(不) + 제4성

bú xiè (不谢)   bú qù (不去)

3 一의 성조 변화

'一'가 서수 혹은 단독으로 쓰일 경우 원래대로 제1성으로 발음한다.

yī (一)   dìyī (第一)

'一'의 뒤에 제1, 2, 3성이 올 경우, '一'를 제4성으로 발음한다. 성조 표기도 바뀐다.

> 제1성(一) + 제1, 2, 3성 → 제4성(一) + 제1, 2, 3성

yìbān (一般)   yì nián (一年)   yì bǎi (一百)

'一'의 뒤에 제4성, 제4성에서 변화된 경성이 올 경우, '一'를 제2성으로 발음한다. 성조 표기도 바뀐다.

> 제1성(一) + 제4성, 제4성에서 변화된 경성 → 제2성(一) + 제4성, 제4성에서 변화된 경성

yíxià (一下)   yí ge (一个)

중국은 다민족 국가로, 총 56개의 민족 중 한족이 전체 인구의 91.59%를 차지하고,
55개의 소수 민족(少数民族)이 더불어 살고 있어요.
민족마다 생김새도 다르고 삶의 양식도 다르지요.

몽고족 蒙古族
대부분 한족화되어 유목 생활을 하지 않고 네
이멍구(内蒙古) 자치구의 도시에 거주하고
있답니다.

위구르족 维吾尔族
중앙아시아에서 동서 문화의 교류와 융합에
기여한 민족으로, 다채로운 구전 문학의 전통
을 간직하고 있고 춤과 노래를 즐겨요.

장족 壮族
소수 민족 중 인구가 가장 많으며 주로 중국
남부의 광시(广西), 윈난(云南), 광둥(广东),
구이저우(贵州) 등지에 거주합니다.

你好!
Nǐ hǎo!

안녕하세요!

회족 回族
아랍 중앙아시아계 무슬림 혼혈 민족이에요. 이슬람 교칙을 엄격히 준수해서 돼지고기를 먹지 않아요.

학습목표

· 중국어로 인사하기
· 인칭대명사
· 儿화

기본문형

· 你好!
Nǐ hǎo!

· 再见!
Zàijiàn!

토대 다지기

Track 05

1 성모 연습

bā - pā   pú - tú   mó - fó   mǐ - nǐ

bù - pù   dè - tè   dù - tù   lǐ - nǐ

2 운모 연습

bǎ - bǔ   pà - pò   fó - fú   dá - dé

dú - dé   mò - mù   nǔ - nǚ   lì - lǜ

3 성조 연습

bā	bá	bǎ	bà
pō	pó	pǒ	pò
mū	mú	mǔ	mù
fā	fá	fǎ	fà

4 성조 결합 연습

제1성+제1, 2, 3, 4성, 경성

jīntiān (今天)   zhōngguó (中国)   hējiǔ (喝酒)   xiōngdì (兄弟)   māma (妈妈)

gōngsī (公司)   huānyíng (欢迎)   shēntǐ (身体)   yīyuàn (医院)   xiūxi (休息)

- □ 你 nǐ 때 너, 당신

- □ 好 hǎo 휑 좋다, 안녕하다

- □ 您 nín 때 당신, 귀하

- □ 再 zài 튄 다시, 더

- □ 见 jiàn 튕 만나다

- □ 谢谢 xièxie 튕 감사하다

- □ 不 bù 튄 ~하지 않다

- □ 不客气 búkèqi 천만에요, 뭘요

- □ 对不起 duìbuqǐ 튕 미안하다, 죄송하다

- □ 没关系 méiguānxi 괜찮다

A 你好^❶!
    Nǐ hǎo!

B 您好!
    Nín hǎo!

A 再见!
    Zàijiàn!

B 再见!
    Zàijiàn!

Note ★

❶ 你好: 제3성의 성조 변화
제3성과 제3성이 연달아 나올 때는
앞에 나온 제3성이 제2성으로 발음
된다. (단, 성조 표기는 그대로 제3성
으로 한다.)
제3성+제3성 → 제2성+제3성

 전진하기 Track 08

你好!

1. 大家 dàjiā 여러분, 모두

2. 老师 lǎoshī 선생님

再见!

1. 一会儿 yíhuìr 잠시, 곧

2. 明天 míngtiān 내일

🎧 Track 09

A 谢谢^❶!

Xièxie!

B 不^❷客气!

Búkèqi!

A 对不起!

Duìbuqǐ!

B 没关系!

Méiguānxi!

🚩 전진하기

🎧 Track 10

A 谢谢。　　B 不客气!

1. 不用谢 búyòngxiè 별말씀을요

A 对不起。　　B 没关系。

1. 没事儿 méishìr 괜찮아요

1 **你好!** Nǐ hǎo!

예의를 차리는 일반적인 인사말로, 언제 어디서 누구에게든 사용할 수 있다. 하지만 아주 친한 사이인 경우에는 '你好!'를 거의 사용하지 않는다.

2 **您** nín

'您'은 상대방에 대한 예의나 배려의 의미가 있지만 한국어의 존칭으로 이해해서는 안 된다. 일상생활에서도 쓰이지만, 주로 서비스 업계에서 손님들에게 많이 사용한다.

3 **客气** kèqi

'客气'는 중국어와 한국어에서 같은 한자를 사용하지만 그 의미가 전혀 달라지는 많은 한자어 중의 하나이다. 한국어에서는 '客气'가 '객기 (부린다)'라는 의미로 쓰이지만 중국어에서는 '사양하다', '예의가 바르다', '정중하다'와 같이 전혀 다른 의미로 쓰인다.

4 **对不起** duìbuqǐ

'对不起'는 '不好意思 bùhǎoyìsi'보다 사과의 의미가 강하고, 자신의 책임을 인정하는 표현이라서 실생활에서는 '不好意思'보다 사용 빈도수가 높지 않다.

5 인칭대명사

	단수	복수
1인칭	我 wǒ 나	我们 wǒmen 우리
2인칭	你 nǐ 너 您 nín 당신, 귀하	你们 nǐmen 너희, 당신들 ★您们 (X)
3인칭	他 tā 그 她 tā 그녀 它 tā 그것(사물, 동물)	他们 tāmen 그들 她们 tāmen 그녀들 它们 tāmen 그것들

보충단어 们 men ~들(인칭대명사, 사람을 지칭하는 명사 뒤에 쓰여 복수를 나타냄)

6 儿 ér 화

'儿 ér'이 다른 음절과 결합하여 하나의 음절로 발음되는 현상이다. 특히 베이징을 비롯한 북방에서 많이 쓰인다. '一会儿 yíhuìr'에서 'huìr'은 'huì(会)'와 'ér(儿)'을 하나의 음절로 표기한 것이다.

一会儿
yíhuìr
잠시, 곧

没事儿
méishìr
괜찮아요

1 녹음을 듣고 들리는 단어를 보기 중에서 골라 써 보세요.

大家好	一会儿见	没关系	不用谢

1 (   )   2 (   )

3 (   )   4 (   )

2 다음 상황에 맞는 적절한 대답을 고르세요.

1 谢谢。

    ❶ 对不起   ❷ 没关系   ❸ 不客气   ❹ 再见

2 对不起。

    ❶ 不用谢   ❷ 没关系   ❸ 不谢   ❹ 谢谢

3 다음 표현과 어울리는 그림을 보기 중에서 고르세요.

1 对不起 (   )   2 谢谢 (   )   3 你好 (   )

왜 중국어인가?

중국은 최강대국 미국과 어깨를 나란히 하는 G2 국가로 중국어는 더 이상 제2외국어가 아니다. 2020년 중국 온라인 쇼핑몰 티몰(Tmall)의 광군절(11월 11일, 중국 최대 규모의 온라인 쇼핑이 이루어지는 날) 하루 거래액(약 83조)은 같은 해 서울시 1년 예산의 두 배를 넘어섰다. 14억이 넘는 중국의 인구는 미국의 3억여 명과 유럽의 7억여 명을 합친 인구보다 많다. 이런 인구 대국 중국이 중진국에 진입하면서 자의 반 타의 반으로 소비에 불이 붙기 시작한 것이다.

한국의 대학이나 서울 시내 번화가 어디를 가도 중국어가 들리지 않는 곳이 없고 중국 이슈는 한국의 주식 시장에 영향을 끼치는 가장 중요한 몇 가지 변수 중의 하나가 되었다. 중국에 대한 감정적 호불호와는 별개로 한국의 경제적 번영의 어려운 숙제는 중국인과 중국 시장의 속성을 얼마나 잘 이해하고 대처하는 가에 달려 있다.

중국은 누구나 갈 수 있는 곳이지만 누구나 성공할 수 있는 곳은 아니다. 언어부터 시작해서 절대 시간을 투자하여 중국의 정치, 경제, 사회, 문화와 시장에 대한 공력을 미리 쌓아 나가야 한다. 조선시대 율곡 이이는 일본의 급부상에 대비하여 10만 양병설을 주장했다. 지금 중국의 나라 크기와 인구까지 감안한다면 우리는 100만 이상의 중국 전문가가 필요한 상황이다. 그것도 중국어와 경영, 기술까지 이해하는 진짜 전문가가 말이다.

바로 우리가 중국을 어떻게 이해하고 개척하느냐에 한국의 미래가 달려 있는 것이다.

유구한 역사를 가진 중국!
곳곳에 다채로운 문화 유적지가 자리하고 있어요. 다 함께 둘러볼까요?

창청(만리장성) 长城
북방 민족의 침입을 막기 위해 중국 역대 왕조가 세운 성벽이에요. 인류 최대의 토목 공사라고들 하지요!

병마용 兵马俑
시안(西安)에 있는 진시황(秦始皇)의 무덤 부장품이에요. 중국 황제의 절대 권력을 가늠하게 해주지요.

고궁 故宫 / 자금성 紫禁城
1987년 유네스코 세계문화유산으로 지정된 베이징의 중심에 있는 명·청 왕조의 궁궐이에요.

03

你忙吗?
Nǐ máng ma?

바쁘세요?

포탈라궁 布达拉宫
티베트 자치구의 중심지인 라싸(拉萨)에 위치한
달라이라마의 궁궐이에요. 1994년
건물로 역대 유네스코 세계문화유산에 등록되었답니다.

학습목표

· 형용사술어문
· 동사술어문
· 정반의문문

기본문형

· 你忙吗?
Nǐ máng ma?

· 你去哪儿?
Nǐ qù nǎr?

· 你累不累?
Nǐ lèi bu lèi?

1 성모 연습

gāi - kāi	kòu - hòu	kǎo - hǎo	gǎn - kǎn
huà - guà	huí - kuí	kòng - gòng	gāng - hāng

2 운모 연습

hōu - hāo	kǎn - kěn	hán - huán	gāo - gōu
kāng - kōng	gǎi - gěi	huá - huó	gēn - gēng

3 성조 연습

hān	hán	hǎn	hàn
shēn	shén	shěn	shèn
fāng	fáng	fǎng	fàng
bēng	béng	běng	bèng

4 성조 결합 연습

제2성＋제1, 2, 3, 4성, 경성

míngtiān (明天)	xuéxí (学习)	nín hǎo (您好)	bú shì (不是)	míngzi (名字)
liáotiān (聊天)	tóngxué (同学)	cídiǎn (词典)	tóngshì (同事)	péngyou (朋友)

블록 쌓기

- □ 忙 máng 형 바쁘다

- □ 吗 ma 조 문장 끝에 쓰여 의문의 어기를 나타냄

- □ 我 wǒ 대 나, 저

- □ 很 hěn 부 매우

- □ 呢 ne 조 ~은? ~은요? (앞에서 말한 화제를 이어 받아 상대방에게 되묻는 의미)

- □ 也 yě 부 ~도

- □ 去 qù 동 가다

- □ 哪儿 nǎr 대 어디

- □ 教室 jiàoshì 명 교실

- □ 累 lèi 형 피곤하다, 힘들다

- □ 休息 xiūxi 동 쉬다

- □ 吧 ba 조 문장 끝에 쓰여 권유·제안의 어기를 나타냄

🎧 Track 14

A 你忙吗？①

   Nǐ máng ma?

B <u>我很忙</u>! 你呢？②

   Wǒ hěn máng! Nǐ ne?

A 我也很忙，你去哪儿？③

   Wǒ yě hěn máng, nǐ qù nǎr?

B <u>我去教室</u>。

   Wǒ qù jiàoshì.

🚩 전진하기

🎧 Track 15

我很忙! 你呢?

1. 好 hǎo 좋다, 괜찮다

2. 累 lèi 피곤하다

我去教室。

1. 洗手间 xǐshǒujiān 화장실

2. 医院 yīyuàn 병원

A 你累不累?❶

Nǐ lèi bu lèi?

B 我很累。

Wǒ hěn lèi.

A 你休息吧。❷

Nǐ xiūxi ba.

❶ 不: 동사나 형용사 중첩형 중간에 나오는 '不'는 경성으로 읽는다.

❷ 吧: 어기조사 '吧'는 문장 끝에 쓰여 제안이나 권유를 나타낸다.

🚩 전진하기 🎧Track 17

你累不累?

1. 来 lái 오다

2. 饿 è 배고프다

我很累。

1. 他们 tāmen 그들

2. 孙丽 Sūn Lì 쑨리 (중국인 여자)

1 형용사술어문

술어의 주요 성분이 형용사인 문장으로, 주어와 술어 사이에 '是'를 사용하지 않는다. 일반적인 형용사 술어문에 자주 사용되는 정도부사 '很(hěn 매우)'은 구어화된 표현으로, 정도의 의미가 거의 없다.

[형식: 주어+很+형용사 / 주어+不+형용사]

她很漂亮。
Tā hěn piàoliang.
그녀는 예쁘다.

她不漂亮。
Tā bú piàoliang.
그녀는 예쁘지 않다.

확인문제 1

다음 단어들을 뜻이 통하도록 배열하세요.

1 难 / 汉语 / 很 / 。 ➡ _____

2 难 / 不 / 汉语 / 。 ➡ _____

보충단어 漂亮 piàoliang 형 예쁘다, 아름답다 | 汉语 Hànyǔ 형 중국어 | 难 nán 형 어렵다

2 동사술어문

술어의 주요 성분이 동사인 문장으로, 한국어와 어순이 다르다.

[형식: 주어+동사+목적어 / 주어+不+동사+목적어]

我认识她。
Wǒ rènshi tā.
나는 그녀를 안다.

我不认识她。
Wǒ bú rènshi tā.
나는 그녀를 모른다.

확인문제 2

다음 단어들을 뜻이 통하도록 배열하세요.

1 你 / 北京 / 欢迎 / 。 ➡ _____

2 去 / 我 / 教室 / 不 / 。 ➡ _____

보충단어 认识 rènshi 동 알다, 인식하다 | 北京 Běijīng 고유 베이징 | 欢迎 huānyíng 동 환영하다

3 정반의문문

평서문의 서술어로 쓰인 형용사 혹은 동사를 '긍정+부정'의 형식으로 병렬한 의문문이 바로 정반의문문이다. 여기에서 사용되는 부정사 '不'는 경성으로 바뀌고, 의문사를 활용한 의문문에서와 마찬가지로 의문조사 '吗'를 사용하지 않는다.

汉语难不难?
Hànyǔ nán bu nán?
중국어가 어렵니?

你去不去洗手间?
Nǐ qù bu qù xǐshǒujiān?
너 화장실 갈 거니?

확인문제 3

다음의 '吗'를 사용한 의문문을 정반의문문으로 바꿔 보세요.

1 你忙吗? ➡ _____

2 你去银行吗? ➡ _____

보충단어 银行 yínháng 명 은행

단련하기

Track 18

1 다음 주어진 단어와 어울리는 그림을 보기 중에서 고르세요.

❶ ❷ ❸ ❹

1 累 (   )　　　　2 饿 (   )

3 洗手间 (   )　　4 医院 (   )

2 녹음을 듣고 다음 괄호 안에 들어갈 알맞은 단어를 써 보세요.

1　A　你累(   )累?

　　B　我(   )累。

　　A　你休息(   )。

2　A　你忙(   )?

　　B　我很忙。你(   )?

　　A　我(   )很忙。

3 다음 단어들을 뜻이 통하도록 배열하세요.

1　休息 / 吧 / 你 / 也 / 。 → _____

2　我 / 教室 / 去 / 。 → _____

G2 중국

중국의 변화를 읽자!

　중국은 개혁개방(1978년) 이후 매년 10%에 가까운 엄청난 속도로 경제가 성장해 왔다. 오죽하면 베이징시의 지도를 1년에 4번을 바꾼 적도 있었다. 저임금에 기댄 수출 위주의 성장으로, '세계의 공장'이라는 말이 무색하지 않게 한때 'Made in China 없이는 하루도 생활하기 어렵다'라는 말이 나올 정도였다.

　그런 생산 대국이 지금 내수에 입각한 소비 대국으로 변모 중이다. 더 이상의 노동 집약적 산업으로는 세계적인 자원 소모와 오염을 견딜 수가 없는 것이다. 중국은 지금 IT를 위주로 하는 기술 집약적 경제와 신 성장 소비 산업에 집중하고 있으며, 한국이 그동안 중간재 수출로 누리던 중국발 호황은 점차 사라지고 있다.

　중국은 매년 30~40개의 도시가 건설되어, 분당 크기만 한 도시 300~400여 개가 생겨나는 도시화가 진행 중이다. 또 지금까지 편향되었던 성장의 과실을 인민에게 나누어 주면서, 내수 경제에 입각한 엄청난 규모의 소비 대국으로 발전하고 있다.

　우리는 조금 더 일찍 산업화에 성공한 덕분에 수교(1992년) 이후 역사상 최고라고 할 수 있을 만큼 중국과 활발한 교류를 이어오고 있다. 앞으로도 중국과 대등하게 원만한 관계를 만들어 나가기 위해서는 상대의 장단점을 잘 파악하여 우리의 이익을 극대화하는 준비와 관심이 더구나 필요한 시점이다.

중국은 다양한 종류의 높은 산들이 아주 많아요. 이 많은 산들이 저마다 자연과
인문이 결합되어 있어 이야깃거리가 풍부하지요.

장자제 張家界의 톈먼산 天门山
'장자제를 못 가 봤으면 100살을 살았어도 헛
살은 것이다'라는 말이 있을 정도예요.

화산 华山
시안에서 한 시간 반이면 갈 수 있으니 병마
용을 거쳐 화산의 장관을 꼭 보러 가 보세요.

타이산 泰山
'태산이 높다 하되 하늘 아래 뫼이로다'라는
조선 시대 양사언(楊士彦)의 시 구절, 바로
이곳을 말하는 것이지요.

04

你叫什么名字?

Nǐ jiào shénme míngzi?

이름이 뭐예요?

📖 학습목표

· 중국어로 이름 묻고 답하기
· 의문대명사 什么, 谁
· 是자문

🍃 기본문형

· 你叫什么名字?
Nǐ jiào shénme míngzi?

· 她是谁?
Tā shì shéi?

· 你是韩国人吗?
Nǐ shì Hánguórén ma?

황산 黄山
말 그대로 그림처럼 아름다운 중국 최고의 명산
으로 1990년 유네스코 세계문화유산으로 지정
되었답니다.

1 성모 연습

jù - qù	jiā - qiā	xué - qué	jiū - qiū
jīn - qīn	jiào - xiào	jiàn - xiàn	jiǒng - qiǒng

2 운모 연습

jiā - jiāo	qiè - què	xiào - xiū	jiǎng - jiǒng
jū - jūn	juē - juān	quán - qún	xíng - xióng

3 성조 연습

niū	niú	niǔ	niù
jiān	jián	jiǎn	jiàn
qiāo	qiáo	qiǎo	qiào
xīng	xíng	xǐng	xìng

4 성조 결합 연습

제3성+제1, 2, 3, 4성, 경성

lǎoshī (老师)	wǔshí (五十)	nǐ hǎo (你好)	qǐngkè (请客)	jiějie (姐姐)
shǒujī (手机)	Měiguó (美国)	kěyǐ (可以)	kě'ài (可爱)	xǐhuan (喜欢)

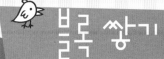
- □ 叫 jiào 동 ~이라고 부르다

- □ 什么 shénme 대 무엇, 무슨

- □ 名字 míngzi 명 이름

- □ 姓 xìng 명 성 동 성이 ~이다

- □ 她 tā 대 그녀

- □ 是 shì 동 ~이다

- □ 谁 shéi 대 누구

- □ 的 de 조 ~의, ~하는

- □ 同学 tóngxué 명 학우, 급우

- □ 韩国人 Hánguórén 명 한국인

- □ 中国人 Zhōngguórén 명 중국인

- □ 他 tā 대 그, 그 사람

- □ 男朋友 nánpéngyou 명 남자친구

- □ 哥哥 gēge 명 오빠, 형

고유명사

- □ 李民秀 Lǐ Mínxiù 이민수 (한국인 남자)

A 你叫什么名字?❶

Nǐ jiào shénme míngzi?

B 我叫孙丽。你呢?

Wǒ jiào Sūn Lì. Nǐ ne?

A <u>我姓李</u>,叫民秀。<u>她是谁</u>?

Wǒ xìng Lǐ, jiào Mínxiù. Tā shì shéi?

B 她是我的同学。

Tā shì wǒ de tóngxué.

Note ★

❶ 你叫什么名字?: 상대방에게 예의를 갖추어 성씨를 물을 때는 '您贵姓? Nín guì xìng?'이라고 묻고, 대답은 '我姓孙。Wǒ xìng Sūn.'과 같이 한다.

전진하기 🚩 Track 22

我姓李,叫民秀。

1. 崔 / 裕美 Cuī / Yùměi 최유미 (한국인 여자)

2. 赵 / 杰林 Zhào / Jiélín 자오제린 (중국인 남자)

<u>她</u>是谁?

1. 你 nǐ 당신, 너

2. 他 tā 그, 그 사람

A 你是韩国人吗?

Nǐ shì Hánguórén ma?

B 我是韩国人。你呢?

Wǒ shì Hánguórén. Nǐ ne?

A 我是中国人。他是你男朋友①吗?

Wǒ shì Zhōngguórén. Tā shì nǐ nánpéngyou ma?

B 他不是我男朋友，他是我哥哥。

Tā bú shì wǒ nánpéngyou, tā shì wǒ gēge.

Note★

❶ 男朋友: '男朋友'는 애인 사이, '男性朋友'는 보통 사이로 남자 (사람) 친구를 말한다.

🚩 전진하기

Track 24

你是韩国人吗?

1. 日本人 Rìběnrén 일본인   2. 美国人 Měiguórén 미국인

他不是我男朋友。

1. 弟弟 dìdi 남동생   2. 同事 tóngshì 동료

1 의문대명사 什么 shénme 와 谁 shéi

'什么'는 사물을, '谁'는 사람을 묻는 의문대명사이다. '什么'와 '谁'의 용법과 문장 속에서의 위치는 명사와 동일하며, 주어, 목적어, 관형어 등으로 사용될 수 있다. 의문사를 활용한 의문문에 대한 대답은 대개 의문사를 제거하고 대답이 되는 단어를 그 자리에 위치시키면 된다.

你姓什么?

Nǐ xìng shénme?

너 성이 뭐니?

他是谁?

Tā shì shéi?

그 사람은 누구니?

你女朋友叫什么名字?

Nǐ nǚpéngyou jiào shénme míngzi?

네 여자친구 이름은 무엇이니?

谁是你男朋友?

Shéi shì nǐ nánpéngyou?

누가 네 남자친구니?

확인문제 1

'什么'와 '谁'를 이용하여 다음 문장을 중국어로 바꿔 보세요.

1 너는 무엇을 배우니? ➡ _____

2 그녀는 누구니? ➡ _____

보충단어 女朋友 nǚpéngyou 圐 여자친구 | 学 xué 圐 배우다

2 是 shì 자문

판단 작용을 하는 동사 '是'가 술어인 문장을 '是자문'이라고 한다. '是자문'은 어순도 영어와 같고, '是'의 의미도 'be동사'와 유사하다. 그러나 주어의 인칭, 수, 시제 등에 따른 형태 변화가 없다는 점에서 영어와 다르다.

긍정문	A是B	他是大学生。 그 사람은 대학생이다. Tā shì dàxuéshēng.
부정문	A不是B	他不是大学生。 그 사람은 대학생이 아니다. Tā bú shì dàxuéshēng.
의문문	A是B吗?	他是大学生吗? 그 사람은 대학생이니? Tā shì dàxuéshēng ma?
	A是不是B?	他是不是大学生? 그 사람은 대학생이니 아니니? Tā shì bu shì dàxuéshēng?

다음 문장을 중국어로 바꿔 보세요.

1 그는 우리 반 친구가 아니다. ➡ _____

2 그녀가 네 여자친구니? ➡ _____

보충단어 大学生 dàxuéshēng 명 대학생

3 구조조사 的 de

명사, 대명사, 형용사가 관형어로 사용되어 수식 관계나 소속 관계를 나타내는 경우 중심어 앞에 '的'를 붙여 준다.

他的**书**
tā de shū

그의 책

可爱的**女儿**
kě'ài de nǚ'ér

귀여운 딸

인칭대명사가 가족, 인간관계, 소속 단체 등을 수식할 때는 일반적으로 '的'를 생략한다.

他女儿
tā nǚ'ér

그의 딸

我们公司
wǒmen gōngsī

우리 회사

확인문제 **3**

다음 단어들을 뜻이 통하도록 배열하세요.

1 他 / 是 / 英语 / 的 / 书 / 这 / 。➡ _____

2 是 / 女儿 / 她 / 我 / 。➡ _____

보충단어 书 shū 명 책 | 可爱 kě'ài 형 귀엽다, 사랑스럽다 | 女儿 nǚ'ér 명 딸 | 我们 wǒmen 대 우리
公司 gōngsī 명 회사 | 这 zhè 대 이, 이것 | 英语 Yīngyǔ 명 영어

단련하기

1 녹음을 듣고 다음 국기에 해당하는 국가의 명칭을 보기 중에서 골라 써 보세요.

> 韩国 Hánguó   中国 Zhōngguó   日本 Rìběn   美国 Měiguó

1 (   )   2 (   )   3 (   )   4 (   )

2 다음 괄호 안에 들어갈 알맞은 의문조사를 써 보세요.

1 A 我是韩国人。你(   )? 나는 한국인이야. 너는?

　 B 我是中国人。 나는 중국인이야.

2 A 她是你的朋友(   )? 그녀는 네 친구니?

　 B 她不是我的朋友，她是我的老师。 그녀는 내 친구가 아니라 내 선생님이셔.

3 자신의 이름을 사전에서 찾아 간체자와 한어병음을 써 보세요.

我叫＿＿＿＿＿＿＿＿＿＿＿＿＿＿＿。

Wǒ jiào ＿＿＿＿＿＿＿＿＿＿＿＿＿＿＿.

G2 중국

중국은 과거 세계 각국의 사신들로부터 '조공'을 받았다. 당시 대국의 위세에 눌려 지냈던 여러 나라들이 지금 중국의 경제력 앞에 다시 눈치를 보지 않을 수 없는 상황에 놓여 있다. 유럽은 중국의 도움을 받아 경제 위기의 파고를 넘었고, 아프리카는 누적 금액 300억 달러가 넘는 투자를 받아 검은 대륙의 발전의 기초를 다지고 있다.

세계 최강 미국도 자국의 채권을 1조 달러 넘게 보유한 중국을 의식하는 가운데, 현재 중국은 대륙을 넘나들며 그 세를 과시하고 있다. 중국 위안화는 기축 통화의 지위를 인정받았으며, '신 실크로드 전략'을 기반으로 한 국제 사회에서의 중국의 영향력은 그야말로 확대일로이다.

한국은 중국과의 수교 이후 지금까지 가장 가깝고도 중요한 경제적 동반자 관계를 유지해 오고 있다. 중국과의 FTA 발효는 우리가 거대 경제권에 노동과 자본, 물류 등을 자유롭게 이동시킬 수 있는 프리패스를 손에 쥔 것이나 마찬가지이다.

우리는 더 이상 과거처럼 조공을 하던 작은 나라가 아니다. 또 그렇게 예속되어서도 안 된다. 작지만 강한 중견 국가로서 그 지위를 유지하고 블랙홀 같은 중국에 하릴없이 빠져들지 않기 위해서는 중국에 대한 감정적 대응이나 한중 관계와 관련한 피상적 현실 인식은 절대 금물이다.

중국인의 사고방식과 문화에 대한 충분한 이해와 냉철한 판단이 필요한 이유이다. 미국 유학을 그렇게 많이들 갔다 왔어도 진짜 미국 전문가를 찾기 어렵다는 속설이 중국의 경우에도 반복되어서는 안 될 것이다.

중국인들은 아침을 간단히 먹고, 집에서 먹기보다는 밖에서 많이 사 먹어요.
다양한 중국의 아침 식사 메뉴를 살펴볼까요?

빠오즈 包子
중국식 찐만두로, 중국인들의 아침 식사 단골 메뉴예요.

요우티아오 油条, 또우지앙 豆浆
중국식 꽈배기와 두유로, 많이 달지 않아서 의외로 잘 어울려요.

죽 粥
한국에서는 아플 때 죽을 먹지만 중국에서는 다양한 종류의 죽을 아침에 많이들 먹지요.

05

你家有几口人?

Nǐ jiā yǒu jǐ kǒu rén?

가족이 몇 명이에요?

훈툰 馄饨
중국식 만두국으로, 만두가 한국보다 많이 작고,
피가 얇아서 후루룩 넘어가요.

학습목표

· 중국어로 가족 소개하기
· 양사
· 有자문
· 전치사 在

기본문형

· 你家有几口人?
Nǐ jiā yǒu jǐ kǒu rén?

· 你爸爸在哪儿工作?
Nǐ bàba zài nǎr gōngzuò?

· 你妈妈做什么工作?
Nǐ māma zuò shénme gōngzuò?

1 성모 연습

| zhī - chī | zhǎ - chǎ | zá - zhá | sì - shì |
| cí - chí | cūn - chūn | shǎng - zhǎng | zuàn - zhuàn |

2 운모 연습

| zé - zuó | shuā - shuō | chuán - chuáng | zhǔn - zhuǎn |
| cù - cuò | cén - céng | shuì - shuài | suō - suān |

3 성조 연습

zhāi	zhái	zhǎi	zhài
chāo	cháo	chǎo	chào
cāo	cáo	cǎo	cào
shōu	shóu	shǒu	shòu

4 성조 결합 연습

제4성+제1, 2, 3, 4성, 경성

| kànshū (看书) | dàxué (大学) | hànyǔ (汉语) | jiàoshì (教室) | bàba (爸爸) |
| dàjiā (大家) | hànyáng (汉阳) | xiàwǔ (下午) | xiànzài (现在) | xièxie (谢谢) |

- □ 家 jiā 몡 집, 가정

- □ 有 yǒu 통 있다

- □ 几 jǐ 때 몇

- □ 口 kǒu 양 식구를 세는 단위

- □ 人 rén 몡 사람, 인간

- □ 爸爸 bàba 몡 아버지

- □ 妈妈 māma 몡 어머니

- □ 和 hé 졉 ~와, ~과

- □ 没有 méiyǒu 통 없다

- □ 兄弟姐妹 xiōngdìjiěmèi 몡 형제자매

- □ 独生女 dúshēngnǚ 몡 외동딸

- □ 个 ge 양 개(사람이나 사물을 세는 양사)

- □ 在 zài 젠 ~에(서) 통 (사람이나 사물이) ~에 있다

- □ 工作 gōngzuò 몡 직업, 일 통 일하다

- □ 做 zuò 통 하다

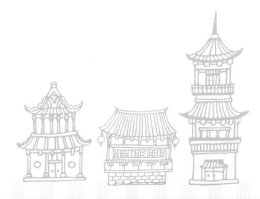

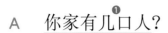

A 你家有几口人?^❶

Nǐ jiā yǒu jǐ kǒu rén?

B 我家有三口人:^❷爸爸、妈妈和我。

Wǒ jiā yǒu sān kǒu rén: bàba、 māma hé wǒ.

A 你有没有兄弟姐妹?

Nǐ yǒu méiyǒu xiōngdìjiěmèi?

B 没有,我是独生女。你呢?

Méiyǒu, wǒ shì dúshēngnǚ. Nǐ ne?

A 我有一个弟弟。^❸

Wǒ yǒu yí ge dìdi.

Note★

❶ 几: 10 이하의 수량을 물을 때는 의문사 '几'를 사용한다.
[형식: 几+양사+명사]

❷ 숫자

一 yī 1, 일	二 èr 2, 이
三 sān 3, 삼	四 sì 4, 사
五 wǔ 5, 오	六 liù 6, 육
七 qī 7, 칠	八 bā 8, 팔
九 jiǔ 9, 구	十 shí 10, 십

❸ 一의 성조 변화
제1성인 '一'가 제4성 또는 양사 '个' 앞에 올 경우 제2성으로 성조가 변화된다. (성조 표기도 제2성으로 한다.)

전진하기

Track 29

你家有几口人?

1. 你们 nǐmen 너희, 당신들

2. 他们 tāmen 그들

你有没有兄弟姐妹?

1. 妹妹 mèimei 여동생

2. 姐姐 jiějie 누나, 언니

A 你爸爸在哪儿工作❶?

Nǐ bàba zài nǎr gōngzuò?

B 我爸爸❷在银行工作。

Wǒ bàba zài yínháng gōngzuò.

A 你妈妈做什么工作?

Nǐ māma zuò shénme gōngzuò?

B 她是老师。

Tā shì lǎoshī.

Note ★

❶ 工作: '工作'는 명사와 동사의 뜻이 모두 있다. 명사로 쓰일 때는 앞에 '~하다'라는 의미의 '做'를 쓴다.

❷ 가족 관계도

爸爸 ——— (bàba 아빠)	妈妈 (māma 엄마)
哥哥 (gēge 오빠/형)	姐姐 (jiějie 언니/누나)
我 (wǒ 나)	
弟弟 (dìdi 남동생)	妹妹 (mèimei 여동생)

🚩 전진하기

🎵 Track 31

我爸爸在银行工作。

1. 医院 yīyuàn 병원

2. 邮局 yóujú 우체국

你妈妈做什么工作?

1. 您 nín 당신

2. 你爸妈 nǐ bàmā 너희 부모님

내공쌓기

1 양사

중국어의 수사는 단독으로 명사를 수식하지 못하므로, 수사와 명사 사이에 양사가 필요하다. 또한 각각의 명사들은 대부분 조합 가능한 양사가 정해져 있는데, 양사 중에서는 '个 ge'의 사용 범위가 가장 넓다.

[형식: 수사+양사+명사]

사람을 세는 양사	个 ge 명, 位 wèi 분	一个人 사람 한 명 yí ge rén	一位爷爷 할아버지 한 분 yí wèi yéye
책을 세는 양사	本 běn 권	一本词典 사전 한 권 yì běn cídiǎn	
그릇을 세는 양사	碗 wǎn 공기	一碗米饭 밥 한 공기 yì wǎn mǐfàn	
병을 세는 양사	瓶 píng 병	★两瓶啤酒 맥주 두 병 liǎng píng píjiǔ	
종류를 세는 양사	种 zhǒng 종류	三种工作 세 종류의 직업 sān zhǒng gōngzuò	

Tip 양사 앞의 2는 '二 èr'이 아니라 '两 liǎng'으로 읽어야 한다.

확인문제 1

다음 괄호 안에 적합한 양사를 쓰세요.

1 一( )老师   2 五( )苹果   3 三( )书

보충단어 爷爷 yéye 명 할아버지 | 词典 cídiǎn 명 사전 | 米饭 mǐfàn 명 쌀밥 | 啤酒 píjiǔ 명 맥주
苹果 píngguǒ 명 사과

2 有 yǒu 자문

'소유하다', '있다'라는 의미인 '有'가 술어의 주요 성분인 문장을 '有자문'이라고 한다. 부정형은 '没(有)'
만을 써야 하며, 정반의문문의 형식은 '有没有'이다.

긍정문	주어+有+목적어	我有手机。 나는 휴대전화가 있어. Wǒ yǒu shǒujī.
부정문	주어+没(有)+목적어	我没有手机。 나는 휴대전화가 없어. Wǒ méiyǒu shǒujī.
의문문	주어+有+목적어+吗?	你有手机吗? 너는 휴대전화가 있니? Nǐ yǒu shǒujī ma?
	주어+有没有+목적어?	你有没有手机? 너는 휴대전화가 있니 없니? Nǐ yǒu méiyǒu shǒujī?
	주어+有+목적어+没有?	你有手机没有? 너는 휴대전화가 있니 없니? Nǐ yǒu shǒujī méiyǒu?

확인문제 2

'有'를 이용하여 다음 문장을 중국어로 바꿔 보세요.

1 그녀는 중국어 사전이 없다. ➡ _____

2 너는 형이 있니? ➡ _____

보충단어 手机 shǒujī 圆 휴대전화

3 전치사 在 zài

전치사 '在'는 '~에서'라는 의미로, 명사성 어구와 결합하여 동사 앞에서 술어를 수식하는 부사어 역할을 한다.

下午我在家休息。

Xiàwǔ wǒ zài jiā xiūxi.

오후에 나는 집에서 쉴 것이다.

我在图书馆学习。

Wǒ zài túshūguǎn xuéxí.

나는 도서관에서 공부한다.

확인문제 3

다음 문장을 중국어로 바꿔 보세요.

1 그녀는 은행에서 일을 한다. ➡ _____

2 너는 어디에서 영어를 배우니? ➡ _____

보충단어 下午 xiàwǔ 圆 오후 | 图书馆 túshūguǎn 圆 도서관 | 学习 xuéxí 圆 공부하다

1 녹음을 듣고 맞으면 ○, 틀리면 ✕를 표기하세요.

1 我家有五口人。(　　　)

2 我没有姐姐。(　　　)

3 我是独生女。(　　　)

2 의문사 几를 사용하여 다음 대화를 완성하세요.

1 A _____ ?

　 B 我有两个哥哥。

2 A _____ ?

　 B 她有一本汉语词典。

3 다음 단어들을 뜻이 통하도록 배열하세요.

1 爸爸 / 工作 / 你 / 什么 / 做 / ? ➜ _____

2 在 / 工作 / 我 / 邮局 / 哥哥 / 。 ➜ _____

꽌시 - 세월과 신용으로 만든 친구

'되는 것도 없고 안 되는 것도 없는 것이 중국이다' 좀 과장해서 표현한다면 법으로 안 되는 일도 되게 하고, 법대로라면 되어야 할 일도 안 되게 할 수 있는 감추어진 법이 바로 '관계(关系 guānxi 꽌시)'이다. 중국 사회의 고질병인 관료의 부패와도 연결되는 '관계'가 때로 법 이상의 위력을 발휘하는 것은 분명한 사실이다.

관계가 중요한 만큼 중국인들의 관계망에 들어가기 위해서는 시간과 노력이 든다. 지속적으로 관계를 맺으면서 가능한 상황 하에서 '친구(朋友 péngyou) → 친한 친구(好朋友 hǎopéngyou) → 오래된 친구(老朋友 lǎopéngyou)'로 천천히 발전해 나가야 한다. 관계 형성에서 '오래된 친구'라는 뜻의 '老朋友'가 되는 것은 관계의 최고 수준을 의미한다. 그만큼 중국인들은 관계 형성에서 관록을 중시한다.

관계는 하루아침에 돈으로 만들어지는 것도 아니다. 관계를 만들어 내는 것은 세월이다. 실제로 중국인들은 아무리 좋은 조건을 제시해도 오랫동안 거래해 오던 단골을 쉽사리 바꾸려 들지 않는다. 감언이설(甘言利說)에 속지 않을 만큼 역사적 격변을 거쳐 생겨난 중국인들의 생존 전략이 바로 관계 문화인 것이다.

관계에 대한 비중을 높게 두는 만큼 관계의 신뢰를 배반하는 행위에 대해서 중국인들은 반드시 보복하는 것을 미덕으로 안다. 중국인이라면 누구나 익숙한 '군자가 복수하는 것은 10년도 늦지 않다(君子報仇，十年不晚)'라는 말이 있을 정도이다.

(『중국문화의 이해』 - 변성규 저. p. 590 발췌)

중국은 건축에 있어서도 남방과 북방의 분명한 차이가 존재한답니다.
중국의 전통 가옥과 정원을 한번 구경해 볼까요?

사합원 四合院
네 면의 건물이 중앙의 마당을 둘러싸서 아늑하고 고요한 분위기를 자아내는 중국의 전통 가옥이에요.

쑤저우 원림 苏州园林
베이징에 황실 정원인 이허위엔(이화원, 颐和园)이 있다면 쑤저우에는 크고 작은 개인 정원들을 통칭하는 원림이 있어요.

저장성 물의 고장 우전 浙江水乡乌镇
중국 강남 지역에서 가장 유명한 전통 마을 중 하나입니다. 수로가 많아서 배로 이동이 가능하지요.

06

你今年多大了?

Nǐ jīnnián duōdà le?

올해 몇 살이에요?

토루 土楼
푸젠(福建)성에 위치한 다층 구조의 흙집이에
요. 객가인(客家人)들이 외세의 침입을 막기 위
해 고안했어요.

학습목표

· 나이 묻고 답하기
· 명사술어문
· 어기조사 了
· 지시대명사

기본문형

· 你今年多大了?
Nǐ jīnnián duōdà le?

· 你是哪年生的?
Nǐ shì nǎ nián shēng de?

· 他几岁了?
Tā jǐ suì le?

1 발음 분별 연습

nǎo - lǎo	fā - huā	zǒu - zhǒu	cái - chái
ruǎn - luǎn	shào - xiào	jiā - zā	chōng - qiōng
kāo - hāo	nián - lián	shuāng - huāng	jiā - qiā
juān - jiān	lǚ - lù	zhuǎn - juǎn	shùn - xùn
xiāng - xiōng	jué - jié	zhuī - juē	yǒu - liǔ
wèn - lùn	cùn - qùn	gǔ - gǒu	yán - nián

2 성조 결합 연습

제1성+제1, 2, 3, 4성, 경성

hūxī (呼吸)　　chābié (差别)　　kāikǒu (开口)　　sīlù (思路)　　māma (妈妈)

제2성+제1, 2, 3, 4성, 경성

yánjiū (研究)　　liúxué (留学)　　cídiǎn (词典)　　málà (麻辣)　　qiézi (茄子)

제3성+제1, 2, 3, 4성, 경성

shǒujī (手机)　　Měiguó (美国)　　shuǐguǒ (水果)　　nǔlì (努力)　　jiějie (姐姐)

제4성+제1, 2, 3, 4성, 경성

miànbāo (面包)　　dàxué (大学)　　diànyǐng (电影)　　diànhuà (电话)　　bàba (爸爸)

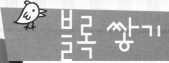

□ 今年 jīnnián 몡 올해

□ 多 duō 혱 많다 분 얼마나, 많이

□ 大 dà 혱 크다, (나이가) 많다

□ 了 le 조 변화를 표시

□ 快 kuài 혱 빠르다 분 빨리

□ 岁 suì 양 (나이) 세, 살

□ 哪 nǎ 때 어느

□ 年 nián 몡 년 양 년, 해

□ 生 shēng 동 태어나다

□ 父母 fùmǔ 몡 부모

□ 年纪 niánjì 몡 나이, 연령

□ 孩子 háizi 몡 어린이, 아이

□ 真 zhēn 분 정말

A 你今年多大了?

Nǐ jīnnián duōdà le?

B 我快二十岁了。❶

Wǒ kuài èrshí suì le.

A 你是哪年生的?❷

Nǐ shì nǎ nián shēng de?

B 我是一九九六年生的。

Wǒ shì yī jiǔ jiǔ liù nián shēng de.

Note★

❶ 快……了: '곧 ~하려고 한다'라는 뜻으로, 동사나 동사구 앞에서 장차 발생할 일이나 상태를 나타낸다.

❷ 是……的: 이미 발생한 행위에 대해 그 행위가 발생한 '시간, 장소' 등을 특별히 강조할 때 쓴다.

🚩 전진하기   Track 36

我快二十岁了。

1. 结婚 jiéhūn 결혼하다

2. 上课 shàngkè 수업을 듣다

你是哪年生的?

1. 你儿子 nǐ érzi 당신 아들

2. 你女朋友 nǐ nǚpéngyou 당신 여자친구

A 你父母多大^❶年纪^❷了?

Nǐ fùmǔ duōdà niánjì le?

B 我爸爸今年五十九岁, 我妈妈今年五十六岁。

Wǒ bàba jīnnián wǔshíjiǔ suì, wǒ māma jīnnián wǔshíliù suì.

A 这是你的孩子吗? 他几岁^❸了?

Zhè shì nǐ de háizi ma? Tā jǐ suì le?

B 是, 他今年五岁了。

Shì, tā jīnnián wǔ suì le.

A 他真可爱。

Tā zhēn kě'ài.

Note★

❶ 多大: '多'는 단음절 형용사 앞에 쓰여 정도나 수량(얼마나)을 묻는 의문문을 만든다.
[형식: 주어+(有)+多+형용사]

❷ 多大年纪: 연장자의 나이를 물을 때는 '多大年纪?'라고 묻고, 일반 성인에게는 '多大?'라고 묻는다.

❸ 几岁: 10세 이하의 어린이에게는 '几岁?'라고 물으면 된다.

🚩 전진하기　　　　　　　　　　　　　　　🎧 Track **38**

你父母多大年纪了?

1. 哥哥多大 gēge duōdà 형은 몇 살
2. 儿子几岁 érzi jǐ suì 아들은 몇 살

他真可爱。

1. 很 hěn 매우
2. 非常 fēicháng 대단히, 굉장히

1 명사술어문

한국어와 달리 중국어는 명사가 직접 술어로 쓰일 수 있는데, 나이, 시간, 날짜, 요일, 본적 등을 표현하는 명사성 어구가 대표적이다. 그런데 부정문의 경우 부정사가 명사를 직접 부정할 수 없기 때문에 동사 '是'를 사용하여 '不是'로 부정한다.

[형식: 주어+명사/명사구/수량사]

他今年二十八岁。

Tā jīnnián èrshíbā suì.

그는 올해 스물여덟 살이다.

他不是北京人。

Tā bú shì Běijīngrén.

그는 베이징 사람이 아니다.

확인문제 1

다음 문장을 중국어로 바꿔 보세요.

1 나는 올해 22살이다. ➡ _____

2 그녀는 상하이 사람이 아니다. ➡ _____

보충단어 上海 Shànghǎi 고유 상하이

2 어기조사 了 le

'了'는 문장의 끝에 위치하여, 말하는 시점에 서술한 내용으로 상황이나 상태가 변화되었음을 나타낸다.

他胖了。

Tā pàng le.

그는 뚱뚱해졌다.

妈妈生气了。

Māma shēngqì le.

엄마가 화나셨다.

확인문제 2

'了'를 이용하여 다음 문장을 중국어로 바꿔 보세요.

1 아이가 자랐다. ➡ _____

2 나는 올해 20살이 되었다. ➡ _____

보충단어 胖 pàng 형 뚱뚱하다 | 生气 shēngqì 동 화내다 | 长大 zhǎngdà 동 자라다, 성장하다

3 지시대명사

	대상	장소
근칭형	这 zhè 이, 이것	这儿 zhèr 이곳, 여기
원칭형	那 nà 그/저, 그것/저것	那儿 nàr 그곳/저곳, 거기/저기
의문형	哪 nǎ 어느	哪儿 nǎr 어느 곳, 어디

지시대명사가 명사와 결합할 때는 양사가 있어야 한다.

[형식: 지시대명사+양사+명사]

这个苹果
zhè ge píngguǒ
이 사과

那本书
nà běn shū
저 책

哪个教室
nǎ ge jiàoshì
어느 교실

확인문제 3

지시대명사를 이용하여 다음 문장을 중국어로 바꿔 보세요.

1 이것은 내 사전이다. ➡ _____

2 너는 어느 교실에서 수업을 듣니? ➡ _____

단련하기

1 녹음을 듣고 괄호 안에 들어갈 알맞은 숫자를 중국어로 써 보세요.

1 我爸爸今年(   )岁，我妈妈(   )岁。

2 다음 그림을 보고 B에 들어갈 알맞은 말을 괄호 안에 써 보세요.

> A 他是哪年生的？
>
> B _____

1   2    3

    2015년생   1998년생   1937년생

(   )   (   )   (   )

3 다음 괄호 안에 들어갈 알맞은 단어를 보기 중에서 골라 써 보세요.

> 보기   几   了   快   多大

1 A 这个孩子今年(   )岁？

  B 今年五岁。

2 A 你(   )了？

  B 我(   )二十岁(   )。

중국 소비자 공략

중국인들은 조화와 타협을 강조하는 유교 정신이 사고의 근저에 깔려 있다. 개인에게 있어서 개성의 발현과 전체 사회 속에서의 적응과 조화는 언제나 충돌하는 가치인 것이다. 부자들의 자동차 구매를 보아도 아우디, BMW 정도를 사고 그 이상은 잘 구매하지 않는다. 명품도 일반적으로 알려진 것을 선호하지 도를 넘게 비

싼 것은 삼가는 경향이 있다. 선을 넘는 과시는 전체와 자신에게 결코 득이 되지 않는다는 것을 잘 알고 있기 때문이다.

중국인들은 자신을 드러내는 것을 중시하는 만큼 자기가 남들에게 어떻게 보이는지도 못지않게 중시한다. 그래서 대부분의 중국인들은 눈에 보이는 휴대전화는 비싸더라도 삼성과 애플 제품을 쓰지만, 집에서 사용하는 가전제품은 저렴한 중국 국산품을 선호한다. 비슷한 예로 하겐다즈 아이스크림도 집에서 먹는 큰 컵보다는 밖에서 먹는 작은 컵이 더 많이 팔린다고 한다.

또한 중국인들은 누구보다 현실적이고 계산에 밝다. 분유를 사더라도 아기의 머리가 좋아지는 부가적인 기능이 있어야 더 잘 팔린다. 한류의 영향도 있지만 한국의 화장품은 가격대비 질이 좋기 때문에 인기가 있는 것이다.

다음은 중국인 스스로가 말하는 중국 소비자 공략의 세 가지 황금 법칙이다.

1. 공공장소에서 소비하게 할 것
2. 제품의 효용을 드러내 보일 것
3. 가장 기본적인 제품의 기능을 안전에 둘 것

장구한 역사가 있고 민족 구성도 다양한 중국에는 여러 가지 형태의 전통 복장이 있어요.
현대에 들어서 서구식 복장을 많이 입고, 소수 민족들의 복장은 점차 한족에 동화되고 있지만
아래의 탕좡과 치파오는 지금도 즐겨 입어요.

황실 복장 皇室服裝
청나라 황실의 복장이에요. 이 여성은 그 유명
한 이허위엔(이화원, 颐和园)의 주인, 서태후
(西太后)이고요.

중산복 中山服
중국의 유명한 정치가 손중산(孫中山)이 즐겨
입기 시작해서 중산복이라고 부릅니다. 지금도
중국의 지도자들이 자주 입고 나오죠!

탕좡 唐裝
차이니즈 칼라가 특징이며,
예를 당인(唐人)이라 부르면서 그들의 복장
이란 뜻에서 이름이 붙여졌어요.

복습 01

复习(一)

fùxí (yī)

치파오 旗袍
청대의 전통 의상인데, 현대에 들어서 옆트임을
길게 넣는 등 과감한 디자인이 나오게 되었어요.

x

학습목표
· 01~06과 발음, 단어,
회화, 어법 복습하기

* 녹음을 듣고 다음 한어병음자모를 따라서 읽어 보세요.

01과

성모	b	p	m	f	d	t	n	l
	g	k	h	j	q	x		
	z	c	s	zh	ch	sh	r	

운모	a	o	e	i	u	ü	er
	ai	ei	ao	ou			
	an	en	ang	eng	ong		
	ia	ie	iao	iou(iu)			
	ian	iang	in	ing	iong		
	ua	uo	uai	uei(ui)			
	uan	uang	uen(un)	ueng			
	üan	üe	ün				

* 앞에서 배웠던 단어를 떠올리며 다음 괄호를 채워 보세요.

02과

1. 你好 (   ) 안녕, 안녕하세요

2. 再见 (   ) 잘가, 또 보자

3. (   ) yíhuìr jiàn 잠시 후에 보자

4. 谢谢 (   ) 통 감사하다

5. 不客气 búkèqi (   )

6. 不用谢 (   ) 별말씀을요

7. (   ) duìbuqǐ 통 미안하다, 죄송하다

8. 没关系 (   ) 괜찮다

9. 没事儿 (   ) 괜찮다

10. 大家 dàjiā (   )

03과

1. 忙 (   ) 형 바쁘다

2. 累 (   ) 형 피곤하다, 힘들다

3. 去 qù (   )

4. (   ) xiūxi 통 쉬다

5. 哪儿 (   ) 대 어디

6. 教室 (   ) 명 교실

7. (   ) yě 부 ~도

8. 很 hěn (   )

9. 呢 (   ) 조 ~은? ~은요?

10. 吧 (   ) 조 권유·제안의 의미

04과

1. 叫 (   ) 통 ~이라고 부르다
2. 姓 xìng (   )
3. 是 (   ) 통 ~이다
4. 什么 (   ) 대 무엇, 무슨
5. (   ) shéi 대 누구
6. 她 (   ) 대 그녀
7. 他 tā (   )
8. 名字 (   ) 명 이름
9. 韩国人 (   ) 명 한국인
10. 中国人 (   ) 명 중국인
11. 同学 tóngxué (   )
12. 男朋友 (   ) 명 남자친구
13. (   ) dàxuéshēng 명 대학생
14. 哥哥 (   ) 명 오빠, 형
15. 女儿 (   ) 명 딸

05과

1. 有 (   ) 통 있다
2. 没有 (   ) 통 없다
3. (   ) zài 전 ~에(서) 통 ~에 있다
4. 做 zuò (   )
5. 几 (   ) 대 몇
6. 个 (   ) 양 개(사람이나 사물을 세는 양사)
7. (   ) kǒu 양 식구를 세는 단위
8. 家 (   ) 명 집, 가정
9. 爸爸 bàba (   )
10. 妈妈 (   ) 명 어머니
11. 弟弟 (   ) 명 남동생
12. 兄弟姐妹 xiōngdìjiěmèi (   )
13. 独生女 (   ) 명 외동딸
14. 工作 (   ) 명 직업, 일 통 일하다
15. (   ) lǎoshī 명 선생님

06과

1. 多大 (   ) 얼마나
2. 快 (   ) 형 빠르다 부 빨리
3. (   ) le 조 변화를 표시
4. 可爱 (   ) 형 귀엽다, 사랑스럽다
5. (   ) pàng 형 뚱뚱하다
6. 生 shēng (   )
7. 生气 (   ) 통 화내다
8. 结婚 (   ) 통 결혼하다
9. (   ) jīnnián 명 올해
10. 年纪 niánjì (   )
11. 父母 (   ) 명 부모
12. 孩子 (   ) 명 어린이, 아이
13. (   ) érzi 명 아들
14. 真 (   ) 부 정말
15. 非常 fēicháng (   )

* 앞에서 배웠던 내용을 떠올리며 상황별 핵심 회화를 복습해 보세요.

인사

A 你好!
Nǐ hǎo!

B 您好!
Nín hǎo!

A 谢谢!
Xièxie!

B 不客气!
Búkèqi!

A 对不起!
Duìbuqǐ!

B 没关系!
Méiguānxi!

A 再见!
Zàijiàn!

B 再见!
Zàijiàn!

상태 및 행동

A 你忙吗?
Nǐ máng ma?

B 我很忙!
Wǒ hěn máng!

A 你去哪儿?
Nǐ qù nǎr?

B 我去教室。
Wǒ qù jiàoshì.

A 你累不累?
Nǐ lèi bu lèi?

B 我很累。
Wǒ hěn lèi.

친구 사귀기

A 你叫什么名字?
Nǐ jiào shénme míngzi?

B 我叫孙丽。
Wǒ jiào Sūn Lì

A 她是谁?
Tā shì shéi?

B 她是我的同学。
Tā shì wǒ de tóngxué.

A 你是韩国人吗?
Nǐ shì Hánguórén ma?

B 我是韩国人。
Wǒ shì Hánguórén.

A 你家有几口人？
Nǐ jiā yǒu jǐ kǒu rén?

B 我家有三口人：爸爸、妈妈和我。
Wǒ jiā yǒu sān kǒu rén: bàba、māma hé wǒ.

A 你爸爸在哪儿工作？
Nǐ bàba zài nǎr gōngzuò?

B 我爸爸在银行工作。
Wǒ bàba zài yínháng gōngzuò.

연령

A 你今年多大了？
Nǐ jīnnián duōdà le?

B 我快二十岁了。
Wǒ kuài èrshí suì le.

A 你是哪年生的？
Nǐ shì nǎ nián shēng de?

B 我是一九九六年生的。
Wǒ shì yī jiǔ jiǔ liù nián shēng de.

A 你父母多大年纪了？
Nǐ fùmǔ duōdà niánjì le?

B 我爸爸今年五十九岁，我妈妈今年五十六岁。
Wǒ bàba jīnnián wǔshíjiǔ suì,　wǒ māma jīnnián wǔshíliù suì.

A 这是你的孩子吗？ 他几岁了？
Zhè shì nǐ de háizi ma?　Tā jǐ suì le?

B 是，他今年五岁了。
Shì,　tā jīnnián wǔ suì le.

* 앞에서 배웠던 내용을 떠올리며 주요 어법을 복습해 보세요.

형용사술어문

[주어+很/不+형용사]의 형식으로 사용한다.

她很漂亮。
Tā hěn piàoliang.
그녀는 예쁘다.

她不漂亮。
Tā bú piàoliang.
그녀는 예쁘지 않다.

동사술어문

[주어+(不)+동사+목적어]의 형식으로 사용한다.

我认识她。
Wǒ rènshi tā.
나는 그녀를 안다.

我不认识她。
Wǒ bú rènshi tā.
나는 그녀를 모른다.

명사술어문

나이, 시간, 날짜, 요일, 본적 등을 표현하는 명사성 어구는 술어로 쓰일 수 있다.

他今年二十八岁。
Tā jīnnián èrshíbā suì.
그는 올해 스물여덟 살이다.

他不是北京人。
Tā bú shì Běijīngrén.
그는 베이징 사람이 아니다.

정반의문문

평서문의 형용사 혹은 동사를 [긍정+부정]의 형식으로 병렬한 의문문이다.

汉语难不难?
Hànyǔ nán bu nán?
중국어가 어렵니?

你去不去洗手间?
Nǐ qù bu qù xǐshǒujiān?
너 화장실 갈 거니?

'什么'는 사물을, '谁'는 사람을 묻는 의문대명사이다.

你姓什么?

Nǐ xìng shénme?

너 성이 뭐니?

他是谁?

Tā shì shéi?

그 사람은 누구니?

구조조사 的

명사, 대명사, 형용사가 관형어로 사용되어 수식 관계나 소속 관계를 나타내는 경우 중심어 앞에 '的'를 붙여 준다.

他的书

tā de shū

그의 책

可爱的女儿

kě'ài de nǚ'ér

귀여운 딸

인칭대명사가 가족, 인간관계, 소속 단체 등을 수식할 때는 '的'를 생략할 수 있다.

他女儿

tā nǚ'ér

그의 딸

我们公司

wǒmen gōngsī

우리 회사

전치사 在

장소명사 앞에 쓰이는 전치사로, 명사성 어구와 결합하여 동사 앞에서 술어를 수식하는 부사어 역할을 한다.

下午我在家休息.

Xiàwǔ wǒ zài jiā xiūxi.

오후에 나는 집에서 쉴 것이다.

我在图书馆学习。

Wǒ zài túshūguǎn xuéxí.

나는 도서관에서 공부한다.

판단 작용을 하는 동사 '是'가 술어인 문장을 '是자문'이라고 한다.

긍정문	A是B	他是大学生。 그 사람은 대학생이다. Tā shì dàxuéshēng.
부정문	A不是B	他不是大学生。 그 사람은 대학생이 아니다. Tā bú shì dàxuéshēng.
의문문	A是B吗?	他是大学生吗? 그 사람은 대학생이니? Tā shì dàxuéshēng ma?
	A是不是B?	他是不是大学生? 그 사람은 대학생이니 아니니? Tā shì bu shì dàxuéshēng?

'소유하다', '있다'라는 의미인 '有'가 술어의 주요 성분인 문장을 '有자문'이라고 한다.

긍정문	주어+有+목적어	我有手机。 나는 휴대전화가 있어. Wǒ yǒu shǒujī.
부정문	주어+没(有)+목적어	我没有手机。 나는 휴대전화가 없어. Wǒ méiyǒu shǒujī.
의문문	주어+有+목적어+吗?	你有手机吗? 너는 휴대전화가 있니? Nǐ yǒu shǒujī ma?
	주어+有没有+목적어?	你有没有手机? 너는 휴대전화가 있니 없니? Nǐ yǒu méiyǒu shǒujī?
	주어+有+목적어+没有?	你有手机没有? 너는 휴대전화가 있니 없니? Nǐ yǒu shǒujī méiyǒu?

[주어+(有)+多+형용사]의 형식으로, 단음절 형용사 앞에 써서 정도나 수량을 묻는다.

你个子(有)多高?
Nǐ gèzi (yǒu) duō gāo?
너 키가 얼마니?

到学校有多远?
Dào xuéxiào yǒu duō yuǎn?
학교까지 얼마나 멀어?

양사

중국어의 수사는 단독으로 명사를 수식하지 못하므로, 수사와 명사 사이에 양사가 필요하다.
[형식: 수사+양사+명사]

사람을 세는 양사	个 ge 명, 位 wèi 분	**一个人** 사람 한 명 yí ge rén	**一位爷爷** 할아버지 한 분 yí wèi yéye
책을 세는 양사	本 běn 권	**一本词典** 사전 한 권 yì běn cídiǎn	
그릇을 세는 양사	碗 wǎn 공기	**一碗米饭** 밥 한 공기 yì wǎn mǐfàn	
병을 세는 양사	瓶 píng 병	**两瓶啤酒** 맥주 두 병 liǎng píng píjiǔ	
종류를 세는 양사	种 zhǒng 종류	**三种工作** 세 종류의 직업 sān zhǒng gōngzuò	

중국의 대표적인 황금연휴는 민속 명절인 춘절(春节)과 법정 공휴일인 노동절(劳动节),
국경절(国庆节)이에요. 한국처럼 추석과 단오도 지내요. 중국인들은 명절을 어떻게 보낼까요?

年年有余
HAPPY NEW YEAR

전지 剪纸
민간 전통 예술 중 하나로, 붉은 종이를 정
교하게 오려 만들어서 명절에 창문이나 벽
에 붙여 장식해요.

央视春节联欢晚会

춘절연회 春节晚会
중국인들은 온 가족이 둘러앉아 CCTV에서
제작한 프로그램인 춘절연회를 보며 새해를
맞이해요.

월병 月饼
추석에는 우리가 송편을 먹는 것처럼 부음날
모양의 월병을 먹어요.

现在几点?

Xiànzài jǐ diǎn?

지금 몇 시예요?

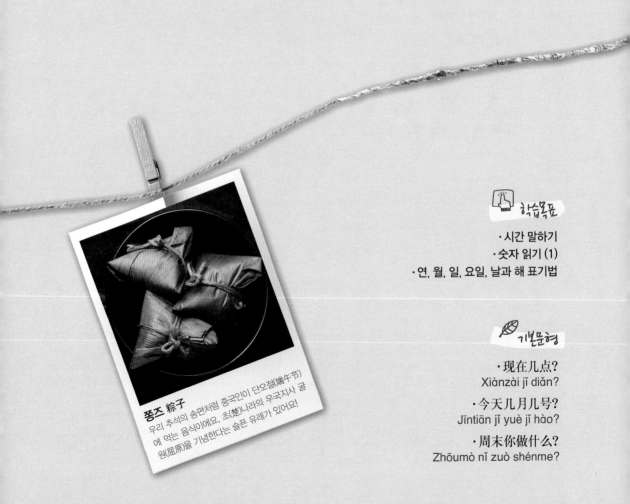

쫑즈 粽子
우리 추석의 송편처럼 중국인이 단오절(端午节)에 먹는 음식이에요. 초(楚)나라의 우국지사 굴원(屈原)을 기념한다는 슬픈 유래가 있어요!

학습목표

· 시간 말하기
· 숫자 읽기 (1)
· 연, 월, 일, 요일, 날과 해 표기법

기본문형

· 现在几点?
Xiànzài jǐ diǎn?

· 今天几月几号?
Jīntiān jǐ yuè jǐ hào?

· 周末你做什么?
Zhōumò nǐ zuò shénme?

□ 现在 xiànzài 명지금, 현재

□ 点 diǎn 양시

□ 两 liǎng 수둘

□ 分 fēn 양분

□ 迟到 chídào 동지각하다

□ 事儿 shìr 명일, 사정

□ 半 bàn 수1/2, 30분

□ 课 kè 명수업

□ 今天 jīntiān 명오늘

□ 月 yuè 명달, 월

□ 号 hào 명일

□ 星期 xīngqī 명요일

□ 周末 zhōumò 명주말

□ 看 kàn 동보다

□ 电视 diànshì 명TV, 텔레비전

A 现在几点?

Xiànzài jǐ diǎn?

B 现在两点二十分。[1]

Xiànzài liǎng diǎn èrshí fēn.

A 我快迟到了。

Wǒ kuài chídào le.

B 你有事儿吗?

Nǐ yǒu shìr ma?

A 我两点半有课。

Wǒ liǎng diǎn bàn yǒu kè.

B 你快去吧。

Nǐ kuài qù ba.

Note ★

❶ 两点二十分: 시간을 표현할 때 시는 '点'을, 분은 '分'을 사용하여, '……点……分'으로 표현한다. 2시 는 '两点'으로 쓴다.

🚩 전진하기 　　　　　　　　　　　　　　　　　　🎧Track 44

现在两点二十分。

1. 三点一刻 sān diǎn yí kè 3시 15분

2. 差十分六点 chà shí fēn liù diǎn 6시 10분 전

我两点半有课。

1. 早上六点起床 zǎoshang liù diǎn qǐchuáng 아침 6시에 기상하다

2. 下午五点下课 xiàwǔ wǔ diǎn xiàkè 오후 5시에 수업을 마치다

A 今天几月几号❶?
　Jīntiān jǐ yuè jǐ hào?

B 今天九月十七号。
　Jīntiān jiǔ yuè shíqī hào.

A 星期四吗?
　Xīngqīsì ma?

B 不是，今天星期五。 明天周末。
　Bú shì, 　jīntiān xīngqīwǔ. 　Míngtiān zhōumò.

A 周末❷你做什么?
　Zhōumò nǐ zuò shénme?

B 我在家看电视。
　Wǒ zài jiā kàn diànshì.

Note★

❶ 号: 날짜는 주로 '숫자+号'로 쓴다. '日 rì'는 주로 문어체에서 사용된다.

❷ 周末: 시간을 나타내는 표현은 주어의 앞뒤에 모두 쓸 수 있다.
(周末你做什么?=你周末做什么?)

🚩 전진하기　　　　　　　　　　　　　🎧 Track 46

今天九月十七号。

1. 昨天 zuótiān 어제

2. 明天 míngtiān 내일

我在家看电视。

1. 看书 kànshū 책을 보다

2. 吃饭 chīfàn 밥을 먹다

내공쌓기

1 숫자 읽기 (1)

零	一	二	三	四	五	六	七	八	九	十
líng	yī	èr	sān	sì	wǔ	liù	qī	bā	jiǔ	shí
0	1	2	3	4	5	6	7	8	9	10

중국어의 숫자는 1부터 10까지의 숫자들을 한국어 식으로 조합하여 읽으면 된다.

十一 shíyī 11   十二 shí'èr 12   十三 shísān 13 ····· 二十 èrshí 20 ·····

三十 sānshí 30 ····· 四十 sìshí 40 ····· 九十 jiǔshí 90   九十一 jiǔshíyī 91

2 시간 말하기

시간을 나타낼 때 '시'는 '点 diǎn', '분'은 '分 fēn', '초'는 '秒 miǎo'로 표현하고, 시간의 분량을 나타낼 때 '시간'은 '小时 xiǎoshí', '분'은 '分钟 fēnzhōng'으로 표현한다.

一点二十五分三十秒 1시 25분 30초
yī diǎn èrshíwǔ fēn sānshí miǎo

三个小时二十分钟 3시간 20분
sān ge xiǎoshí èrshí fēnzhōng

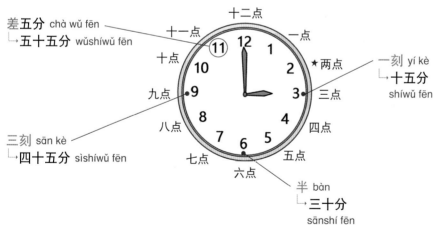

差五分 chà wǔ fēn
↳五十五分 wǔshíwǔ fēn

十二点

十一点

十点

九点

八点

七点

六点

五点

四点

三点

★两点

一点

一刻 yí kè
↳十五分 shíwǔ fēn

半 bàn
↳三十分 sānshí fēn

三刻 sān kè
↳四十五分 sìshíwǔ fēn

확인문제 1

다음 시간을 중국어로 써 보세요.

1 10:10 ➡ _____

2 08:15 ➡ _____

3 02:30 ➡ _____

4 05:50 ➡ _____

3 연, 월, 일, 요일, 날과 해 표기법

연도는 숫자를 하나씩 끊어 읽고, 숫자 0은 '零 líng'으로 읽는다.

一九九四年 1994년
yī jiǔ jiǔ sì nián

二零一六年 2016년
èr líng yī liù nián

월과 일은 숫자 뒤에 '月 yuè'와 '号 hào(日 rì)'를 붙여서 읽는다.

一月	二月	三月	四月	五月	六月
yī yuè	èr yuè	sān yuè	sì yuè	wǔ yuè	liù yuè
1월	2월	3월	4월	5월	6월
七月	八月	九月	十月	十一月	十二月
qī yuè	bā yuè	jiǔ yuè	shí yuè	shíyī yuè	shí'èr yuè
7월	8월	9월	10월	11월	12월

一号 yī hào 1일　　**二号** èr hào 2일　　**三号** sān hào 3일 ······ **十号** shí hào 10일

十一号 shíyī hào 11일 ······ **二十号** èrshí hào 20일 ······ **三十号** sānshí hào 30일

요일은 '星期 xīngqī' 뒤에 숫자를 붙여서 읽는다. 단, 일요일은 뒤에 '天 tiān'이나 '日 rì'를 붙여서 표현한다.

星期一	星期二	星期三	星期四	星期五	星期六	星期天 / 星期日
xīngqīyī	xīngqī'èr	xīngqīsān	xīngqīsì	xīngqīwǔ	xīngqīliù	xīngqītiān / xīngqīrì
월요일	화요일	수요일	목요일	금요일	토요일	일요일

날과 해는 다음과 같이 표현한다.

昨天	今天	明天
zuótiān	jīntiān	míngtiān
어제	오늘	내일

去年	今年	明年
qùnián	jīnnián	míngnián
작년	올해	내년

확인문제 2

다음 날짜와 시간을 중국어로 바꿔 보세요.

1 2016년 10월 31일 월요일 오후 10시 15분 ➡ _____

1 녹음을 듣고 맞으면 ○, 틀리면 ✕를 표기하세요.

1 今天是星期四。( )

2 明天是周末。( )

3 明天我没有课。( )

2 다음 그림과 지시문을 보고 정확한 시간을 중국어로 써 보세요.

1

2시 반

( )

2

7시 5분 전

( )

3

12시 15분

( )

3 다음 그림을 보고 정확한 연도와 날짜를 중국어로 써 보세요.

1

( )

2

( )

3

( )

4 다음 그림을 보고 괄호 안에 들어갈 알맞은 말을 써 보세요.

1　A 今天星期几?　　　　　　　　B 今天(　　　　　　　)。

2　A 昨天几月几号?　　　　　　　B 昨天(　　　　　　　)。

3　A 明天是星期日吗?　　　　　　B 不是，明天是(　　　　　　)。

5 다음 잰말놀이를 연습해 보세요.

四是四，十是十，　4는 4이고, 10은 10이며,
Sì shì sì,　　shí shì shí,

十四是十四，四十是四十。　14는 14이고, 40은 40이다.
shísì shì shísì,　　sìshí shì sìshí.

四不是十，十不是四，　4는 10이 아니고, 10은 4가 아니며,
Sì bú shì shí,　　shí bú shì sì,

十四不是四十，四十不是十四。　14는 40이 아니고, 40은 14가 아니다.
shísì bú shì sìshí,　　sìshí bú shì shísì.

중국 예술 문화의 부상

강대국 간의 세력 전이 즉, 'power shift'는 정치, 군사, 경제력 등 전통적인 개념에서만 이루어지는 것은 아니다. 이념적 가치, 문화, 예술 등도 역시 '힘'의 논리에 따라서 이동한다. 나폴레옹 시기 미술의 중심은 로마에서 파리로 이동했고, 제2차 세계 대전 이후에는 강성한 미국에 의해 그 중심이 파리에서 뉴욕으로 옮겨졌다.

최근 중국 고대 미술품 및 작가들의 작품 값이 고공행진을 하는 것은 서구 중심의 세계 미술 시장 구도가 중국에 의해 재편되고 있음을 여실히 보여 준다. 2015년 12월 Artprice.com에서 발표한 미술품 경매 가격 상위 50위 안에는 중국 미술가가 17명이나 있고, 전체 500명 중에서도 214명이나 포함되어 있다.

현재 세계 미술 시장에서 중국의 점유율은 34%로 1위이며, 이는 27%인 미국을 7%나 앞선 수치이다. 또한 전 세계 경매 수익 TOP 10 도시에 중국 도시 6개가 포함되어 있을 만큼 상업적 수익 구조 면에서도 이미 거대 시장이 형성되어 있다.

과거 중국은 실크로드를 통해 화려한 비단과 도자기로 대변되는 중국의 우수한 문화와 문물을 세계에 전파했다. 이는 중화사상이 강력한 문화적 프레임으로 구현된 것이었다. 이제 또 다시 그 거대 문화의 프레임이 중국에 의해 리셋되고 있다. 군사력과 경제력은 물론, 예술 문화의 영역에서도 중국의 힘의 과시가 다시 시작된 것이다.

원활한 정보 교환과 인적 이동은 현대 사회의 관건이지요.
각종 정보가 인터넷으로 빠르게 오가듯이 중국인들은 현대적인 교통 시설로 신속히 이동합니다.
주요 공항, 기차역, 고속 철도의 모습을 살펴 볼까요?

베이징셔우두공항 北京首都机场
베이징 시내에서 북동쪽으로 25km 가량 떨어져 있는 중국 내 제1 규모의 공항이에요.

고속 철도 高铁
중국의 고속 철도 까오티에(高铁)는 평균 시속이 300km이상이에요. 이러한 까오티에(高铁)가 점점 보급되어 중국 여행이 훨씬 빠르고 편해졌어요.

베이징역 北京站
베이징역은 중국 철도 교통의 요충지로서 교다 이용객 수를 기록하고 있어요.

你的手机号码是多少?

Nǐ de shǒujī hàomǎ shì duōshao?

휴대전화 번호가 어떻게 되세요?

학습목표

· 각종 번호 읽기
· 전치사 给
· 동사의 중첩

기본문형

· 你的手机号码是多少?
Nǐ de shǒujī hàomǎ shì duōshao?

· 有空我们一起吃饭吧。
Yǒu kòng wǒmen yìqǐ chīfàn ba.

· 我再给你打电话。
Wǒ zài gěi nǐ dǎ diànhuà.

상하이남역 上海南站
상하이에는 세 개의 기차역이 있는데 그 중 상하이남역은 공항 같은 느낌이 드는 크고 깨끗한 역이랍니다!

□ 号码 hàomǎ 명 번호

□ 多少 duōshao 대 얼마

□ 就 jiù 부 바로

□ 加 jiā 동 추가하다

□ 喂 wéi 감 (전화상에서) 여보세요

□ 请 qǐng 동 부탁하다, 요청하다

□ 问 wèn 동 묻다

□ 位 wèi 양 분

□ 记得 jìde 동 기억하고 있다

□ 当然 dāngrán 부 당연히

□ 挺 tǐng 부 꽤

□ 空 kòng 명 틈, 짬

□ 一起 yìqǐ 부 같이, 함께

□ 时间 shíjiān 명 시간

□ 给 gěi 전 ~에게, ~를 위해서

□ 打 dǎ 동 (전화를) 걸다

□ 电话 diànhuà 명 전화

고유명사

□ 微信 wēixìn 웨이신, 위챗, wechat (메신저 프로그램, 중국판 카카오톡)

A 你的手机号码是多少？①

Nǐ de shǒujī hàomǎ shì duōshao?

B 13906728898。你的呢？

Yāo sān jiǔ líng liù qī èr bā bā jiǔ bā. Nǐ de ne?

A 15035617218。你有微信吗？

Yāo wǔ líng sān wǔ liù yāo qī èr yāo bā. Nǐ yǒu wēixìn ma?

B 有，微信号就是②我的手机号码。

Yǒu, wēixìn hào jiùshì wǒ de shǒujī hàomǎ.

A 我加③你的微信吧。

Wǒ jiā nǐ de wēixìn ba.

Note ★

❶ 多少: 의문대명사로, '얼마, 몇' 이라는 뜻이지만, 여기에서는 번호 를 묻는 표현으로 쓰였다.

❷ 就是: '바로, 곧 ～이다'라는 의미 로, 강한 긍정의 의미를 나타낸다.

❸ 加: 원래 뜻은 '더하다, 붙이다' 이지만 여기에서는 '微信'에 친구로 추가한다는 의미이다.

🚩 전진하기   Track 50

你的手机号码是多少？

1. 微信号 wēixìn hào 웨이신 번호   2. 身份证号码 shēnfènzhèng hàomǎ 신분증 번호

微信号就是我的手机号码。

1. 明天 / 我的生日 míngtiān / wǒ de shēngrì 내일 / 내 생일

2. 他 / 我的男朋友 tā / wǒ de nánpéngyou 그 / 나의 남자친구

A 喂❶，您好，请问❷，是李民秀吗？
　　Wéi, nín hǎo, qǐngwèn, shì Lǐ Mínxiù ma?

B 是，您是哪位？
　　Shì, nín shì nǎ wèi?

A 我是你的同学孙丽，记得我吗？
　　Wǒ shì nǐ de tóngxué Sūn Lì, jìde wǒ ma?

B 当然记得，你好吗？
　　Dāngrán jìde, nǐ hǎo ma?

A 挺好的❸，有空我们一起吃饭吧。
　　Tǐng hǎo de, yǒu kòng wǒmen yìqǐ chīfàn ba.

B 好的，我看看时间，再给你打电话。
　　Hǎo de, wǒ kànkan shíjiān, zài gěi nǐ dǎ diànhuà.

Note ★

❶ 喂: 원래 4성으로 발음되나, 전화 용어로 쓰일 때는 2성으로 바뀐다.

❷ 请问: '실례지만', '말씀 좀 묻겠습니다'의 의미로, 예의를 차려서 묻는 표현이다.

❸ 挺……的: 挺+형용사+的 '挺'은 정도부사로, '꽤, 아주, 상당히' 등의 의미를 지니고, 문장 끝에 사용되는 '的'는 확신의 의미를 나타낸다.

예 这个孩子挺可爱的。
　 Zhè ge háizi tǐng kě'ài de.
　 이 아이는 아주 사랑스럽다.

 전진하기 　　Track 52

挺**好**的。

1. 便宜 piányi (값이) 싸다

2. 快 kuài 빠르다

我**看看**时间。

1. 听 / 音乐 tīng / yīnyuè 듣다 / 음악

2. 用 / 你的电脑 yòng / nǐ de diànnǎo 사용하다 / 네 컴퓨터

98

내공쌓기

1 각종 번호 읽기

중국어에서 전화번호, 버스 번호, 방 호수는 한 자리씩 끊어 읽는다. 이때 '一'가 나오면 'yī'나 'yāo' 두 가지로 읽는데, 'yāo'로 읽는 것이 일반적이다. 한국어에서 '1(일)'과 '2(이)'의 발음이 유사하여 '2'를 '둘'이라고 읽는 것처럼, 중국어에서는 '一 yī'와 '七 qī'의 발음이 유사하게 들리기 때문이다.

전화번호	183-5606-7890	一八三五六零六七八九零 yāo bā sān wǔ liù líng liù qī bā jiǔ líng
버스 번호	302路	三零二路 sān líng èr lù
방 호수	501号	五零一号 wǔ líng yāo hào

확인문제 1

자신의 휴대전화 번호를 중국어로 쓰고 말해 보세요.

→ _____

보충단어 路 lù 몡 길, 도로, (교통수단의) 노선

2 给 gěi

'给'는 동사와 전치사로 모두 쓰일 수 있는데, 동사일 때는 2개의 목적어를 취하여 '(~에게 ~을) 주다'라는 의미이고, 전치사일 때는 '~에게, ~를 위해서'라는 의미를 지닌다.

[형식: 给+간접목적어+직접목적어]

他给我一杯水。
Tā gěi wǒ yì bēi shuǐ.
그가 나에게 물 한 잔을 주었다.

[형식: 给+대상+동작]

下午我给你打电话。
Xiàwǔ wǒ gěi nǐ dǎ diànhuà.
오후에 내가 너에게 전화할게.

확인문제 2

다음 문장 중 '给'가 들어갈 적절한 위치를 고르세요.

1 他❶我❷一件生日礼物。

2 姐姐❶我❷买水果。

보충단어 杯 bēi 몡 잔, 컵 | 水 shuǐ 몡 물 | 件 jiàn 몡 건, 개 | 礼物 lǐwù 몡 선물 | 买 mǎi 동 사다
水果 shuǐguǒ 몡 과일

3 동사의 중첩

일부 동사는 중첩을 할 수 있는데, 동사가 중첩될 경우 '가볍게, 짧은 시간에 시험 삼아 한번 좀 ~해 보다'라는 어감을 나타낸다. 단음절 동사의 중첩 형식은 'AA' 또는 'A—A'인데, 이때 'AA'의 두 번째 음절과 'A—A'의 '—'는 경성으로 바뀐다.

你听听这首歌。

Nǐ tīngting zhè shǒu gē.

너 이 노래 좀 들어 봐.

我想一想吧。

Wǒ xiǎng yi xiǎng ba.

내가 생각 좀 해 볼게.

확인문제 **3**

동사의 중첩 형식을 사용하여 다음 문장을 중국어로 바꿔 보세요.

1 나는 여기서 그를 좀 기다릴게. ➡ _____

2 너 선생님께 좀 여쭤 봐. ➡ _____

보충단어 　首 shǒu 양수, 곡(시(诗)·사(词)·노래 등을 세는 양사) ｜ 歌 gē 명노래 ｜ 想 xiǎng 통생각하다 ｜ 等 děng 통기다리다

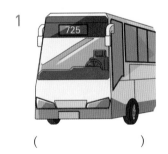
단련하기

1 녹음을 듣고 괄호 안에 들어갈 알맞은 단어를 써 보세요.

1 你的手机号码是(　　　　　)?

2 我明天(　　　　　)你打电话。

2 녹음을 듣고 다음 중 녹음 내용과 부합하는 것을 고르세요.

1 ❶ 他的手机号码是13906728898。

❷ 他的手机号码是13915736891。

❸ 他的手机号码是15035617218。

3 다음 그림을 보고 버스 번호와 방 호수를 중국어로 쓰고, 소리 내어 읽어 보세요.

1
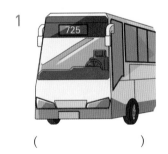
(　　　　　　)

2
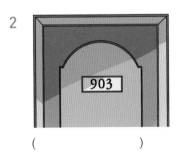
(　　　　　　)

4 다음 질문에 대한 답으로 적절하지 않은 것을 고르세요.

1 喂，您好，请问，是李民秀吗?

❶ 对，我就是。

❷ 他不在。

❸ 他是李民秀。

2 你最近好吗?

❶ 挺好的，你呢?

❷ 对，您哪位?

❸ 我最近很忙。

보충단어 最近 zuìjìn 명 요즘, 최근

5 다음 괄호 안에 들어갈 알맞은 말을 쓰고, 친구와 대화해 보세요.

1 A 喂，你好！*李美善(   )吗? *자기 이름으로 교체

B 我(   )是。您(   )位?

A 我是 *王建明。 *친구 이름으로 교체

B 你(   )事儿吗?

A 明天是我的生日，有(   )一起吃饭(   )。

B 好的。祝你生日快乐!

보충단어 祝 zhù 통 축복하다, 축하하다 │ 快乐 kuàilè 형 즐겁다, 행복하다

102

China 협상의 기술

유교의 가장 높은 도덕적 기준인 '중용'은 인생, 사업, 건강에서의 기본적인 지침으로, 거의 모든 중국인들의 무의식 속에 자리잡고 있다. 문제를 해결하는 최상의 지혜이기도 한 이 중용은 아주 단순하게 정리하자면 제3의 입장도 고려해야 한다는 것이다. 이것은 A와 B가 대척점에 서 있을 때, 또 다른 입장인 C도 대안이 될 가능성이 있으며 충분히 중요하다는 현실적인 발상  이다. 대립과 투쟁이 아닌 진정한 의미의 중도와 화합을 중시하는 중국인들에게 무조건적인 자기 입장의 견지나 타협 없는 대치는 어리석은 행동으로 비춰질 뿐이다.

원칙을 고수하고 반응이 빠르며 기질이 급한 한국인에게 실질과 효용을 중시하는 중국인은 협상 테이블에서 잘 이해하고 대처해야 할 어려운 상대이다. 그들은 관계를 매우 중시하므로 협상을 할 때 쌍방을 잘 아는 중재자가 연결 고리 역할을 해 주는 것이 좋다. 또한 유교 문화의 영향으로 직급이 어긋나는 상대를 내보내는 것은 예의가 아니며, 형식적으로라도 상대의 체면을 깎는 일을 해서는 안 된다. 가격 결정에 있어서는 특히 신중을 기하고 시간과 공을 많이 들이므로 인내심을 가지고 기다려야 한다. 상형 문자로 한 폭의 그림 같은 한자를 어려서부터 익힌 영향으로, 중국인들이 전체를 보는 안목이 뛰어나다는 연구 결과도 있다.

그러나 중국인들과의 협상에서 가장 중요한 것은 그들이 사업과 친구를 나누어서 생각하지 않는다는 점이다. 서로 이용하고 서로 돕는 친구의 입장이 되는 것이 중국인들과의 거래에서 성공하는 비결인 것이다. 하지만 이 모든 것들도 기술과 제품의 우위를 전제로 해야만 가능한 전략임은 두말할 필요 없는 사실이다.

여러분들은 여가 시간에 무엇을 하나요? 전 세계의 문화가 많이 보편화되었지만,
아직까지 중국인들이 고유하게 즐기는 취미가 있어요. 그들의 독특한 취미 생활을 알아볼까요?

마작 麻將
우리의 화투와 마찬가지로 중국 사람들이
가장 대중적으로 즐기는 중국 고유의 오락
이에요!

서예 书法
서예는 한자의 시각적인 아름다움을 부각시
키는 예술이에요. 대표적인 서체로 전서, 예
서, 해서, 초서, 행서가 있어요.

태극권 太极拳
중국의 권법 중 하나로, 이유극강(以柔克刚),
부드러움으로 굳센 것을 이긴다는 이론을 바
탕으로 해요.

09

你的爱好是什么?
Nǐ de àihào shì shénme?

취미가 무엇인가요?

광장무 广场舞
중국에서는 동네 곳곳에 모여 군무를 추는 사람
들을 볼 수 있답니다. 운동도 하고 스트레스도
풀고 일석이조지요.

학습목표
· 취미 묻고 답하기
· 조동사 会, 能, 可以
· 진행형 (正)在……呢

기본문형
· 你的爱好是什么?
Nǐ de àihào shì shénme?

· 我喜欢玩游戏。
Wǒ xǐhuan wán yóuxì.

· 你会滑雪吗?
Nǐ huì huáxuě ma?

- 爱好 àihào 명 취미

- 喜欢 xǐhuan 동 좋아하다

- 玩 wán 동 놀다

- 游戏 yóuxì 명 게임

- 滑雪 huáxuě 명 스키 동 스키를 타다

- 会 huì 조동 (학습과 훈련을 통해 배워서) ~할 줄 안다

- 下次 xiàcì 명 다음 번

- 教 jiāo 동 가르치다

- 运动 yùndòng 명 운동 동 운동하다

- 游泳 yóuyǒng 명 수영 동 수영하다

- 能 néng 조동 (능력이나 조건 상) ~할 수 있다

- 游 yóu 동 헤엄치다, 유영하다

- 千米 qiānmǐ 양 킬로미터 (km)

- 棒 bàng 형 멋지다, 대단하다

- 可以 kěyǐ 조동 ~할 수 있다, 가능하다, ~해도 좋다

- 问题 wèntí 명 문제

- 正在 zhèngzài 부 ~하는 중이다 (동사 앞에서 동작의 진행이나 상황의 지속을 나타냄)

- 呢 ne 조 문장 끝에 쓰여 동작의 진행이나 상황의 지속을 나타냄

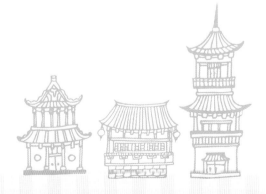

A 你的爱好是什么?

Nǐ de àihào shì shénme?

B 我喜欢玩游戏。你呢?

Wǒ xǐhuan wán yóuxì. Nǐ ne?

A 我喜欢滑雪。你会滑雪吗?

Wǒ xǐhuan huáxuě. Nǐ huì huáxuě ma?

B 我不会。

Wǒ bú huì.

A 下次我教你吧。

Xiàcì wǒ jiāo nǐ ba.

B 好的。

Hǎo de.

Note ★

❶ 喜欢 : '좋아하다'라는 뜻으로, '명사' 혹은 '동사+목적어'로 이루어진 구를 목적어로 취할 수 있다.

예 我喜欢你。
Wǒ xǐhuan nǐ.
나는 너를 좋아해.

我喜欢学汉语。
Wǒ xǐhuan xué Hànyǔ.
나는 중국어 공부하는 것을 좋아해.

전진하기 🚩 Track 56

我喜欢玩游戏。

1. 吃中国菜 chī zhōngguócài 중국 요리를 먹다

2. 唱歌 chànggē 노래를 부르다

你会滑雪吗?

1. 开车 kāichē 운전하다

2. 打棒球 dǎ bàngqiú 야구를 하다

A 你喜欢什么运动?

　Nǐ xǐhuan shénme yùndòng?

B 我喜欢游泳。你会游泳吗?

　Wǒ xǐhuan yóuyǒng. Nǐ huì yóuyǒng ma?

A 我会，我能游一千米。

　Wǒ huì,　wǒ néng yóu yì qiān mǐ.

B 真棒，你可以教我游泳吗?

　Zhēn bàng, nǐ kěyǐ jiāo wǒ yóuyǒng ma?

A 没问题! 我妹妹正在学呢。你和她一起学吧。

　Méi wèntí!　Wǒ mèimei zhèngzài xué ne. Nǐ hé tā yìqǐ xué ba.

B 谢谢。

　Xièxie.

Note★

❶ 和……一起: '和'는 전치사로 '~와'라는 의미이고, 뒤에 부사 '一起'가 쓰여 '함께'라는 의미가 강조된다.

예 我和朋友一起吃饭。
　Wǒ hé péngyou yìqǐ chīfàn.
　나는 친구와 함께 밥을 먹는다.

🚩 전진하기　Track 58

你可以教我游泳吗?

1. 英语 Yīngyǔ 영어

2. 数学 shùxué 수학

我妹妹正在学呢。

1. 接电话 jiē diànhuà 전화를 받다

2. 玩手机 wán shǒujī 휴대전화를 가지고 놀다

1 조동사 会 huì 와 能 néng

동사 앞에 쓰이는 조동사 '会'와 '能'은 모두 '능력'을 나타내지만, '会'는 주로 학습과 훈련을 통해 배워서 '할 줄 안다'라는 뜻이고, '能'은 어떤 일을 '할 수 있는' 능력이나 조건이 된다는 의미이다.

你会说英语吗?
Nǐ huì shuō Yīngyǔ ma?
너 영어할 줄 아니?

他不会开车。
Tā bú huì kāichē.
그는 운전을 못한다.

你能吃辣的吗?
Nǐ néng chī là de ma?
너 매운 거 먹을 수 있니?

她很能说。
Tā hěn néng shuō.
그녀는 말주변이 참 좋다.

확인문제 1

'会'와 '能' 중 적당한 조동사를 선택하여 괄호 안에 써 보세요.

1 我(　　)游泳。　　　　　　　　2 我喝酒了, 不(　　)开车。

보충단어　辣 là 혱 맵다 | 说 shuō 통 말하다 | 喝 hē 통 마시다 | 酒 jiǔ 명 술

2 조동사 可以 kěyǐ

조동사 '可以'는 '~하는 것이 가능하다'와 '~해도 좋다'라는 의미를 가지고 있다.

你可以不喝酒。
Nǐ kěyǐ bù hējiǔ.
너 술 안 마셔도 돼.

你可以给他打电话。
Nǐ kěyǐ gěi tā dǎ diànhuà.
너 그 사람한테 전화해도 돼.

확인문제 2

다음 단어들을 뜻이 통하도록 배열하세요.

1 你 / 用 / 我 / 可以 / 的 / 吗 / 电脑 / ? ➡ _____

2 英语 / 我 / 教 / 你 / 可以 / 吗 / ? ➡ _____

3 **진행형 (正)在……呢** (zhèng)zài……ne

동사의 앞에 쓰여 동작이 진행 중임을 나타낸다.

[형식: 주어+(正)在+동사+(목적어)+呢]

妈妈(正)**在看电视**呢。

Māma (zhèng)zài kàn diànshì ne.

엄마는 지금 텔레비전을 보고 계신다.

爸爸(正)**在学汉语**呢。

Bàba (zhèng)zài xué Hànyǔ ne.

아빠는 지금 중국어를 배우고 계신다.

확인문제 3

'(正)在……呢'를 사용하여 다음 문장을 중국어로 바꿔 보세요.

1 선생님은 전화 중이시다. ➡ _____

2 그는 운전 중이다. ➡ _____

1 녹음을 듣고 괄호 안에 들어갈 알맞은 단어를 써 보세요.

1 你的(　　　　　)是什么?

2 我(　　　　　)玩游戏。

2 녹음을 듣고 질문에 대한 적절한 대답을 고르세요.

1 ❶ 我喜欢滑雪。

❷ 我不会滑雪。

❸ 我不喜欢滑雪。

2 ❶ 真棒。

❷ 没问题。

❸ 我不会。

3 '会'나 '能'을 사용하여 다음 문장을 완성해 보세요.

1 明天我有事儿，不(　　　　　)和你见面。

2 我不(　　　　　)说日语。

3 我没有手机，不(　　　　　)给他打电话。

4 她很(　　　　　)唱歌。

보충단어　见面 jiànmiàn 통 만나다 ｜ 日语 Rìyǔ 명 일본어

4 다음 그림을 보고 보기 1 속 밑줄 친 부분에 들어갈 알맞은 단어를 보기 2에서 골라 괄호 안에 쓰고, 친구와 대화해 보세요.

보기 1
A 今天晚上你做什么?

B 我和<u>弟弟</u>一起<u>玩电脑游戏</u>。

보기 2   女朋友   爸爸   哥哥   打棒球   看电视   吃饭

1

(   )

2

(   )

3

(   )

5 다음 잰말놀이를 연습해 보세요.

下小雨的时候吃小鱼， 가랑비 올 때 생선 먹고,
Xià xiǎoyǔ de shíhou chī xiǎoyú,

吃小鱼的时候下小雨。 생선 먹을 때 가랑비가 온다.
chī xiǎoyú de shíhou xià xiǎoyǔ.

보충단어 下 xià 동 내리다 | 小 xiǎo 형 작다, 어리다 | 雨 yǔ 명 비 | 时候 shíhou 명 때 (주로 '的时候'의 형태로 쓰여 '～일 때', '～할 때'로 풀이됨) | 鱼 yú 명 생선

중국 여성의 지위

아편 전쟁에서 패배한 이후 '잠자는 사자'에서 반식민지 상태로 전락한 중국의 지식인들은 자신들의 문화와 제도에 대한 철저한 반성과 비판적 검토를 바탕으로 새로운 중국의 건설을 위한 힘겨운 투쟁을 지속한다. 그 선봉장에 섰던 현대 문학의 아버지 루쉰(鲁迅)은 여성과 결혼에 대하여 '경제적 독립이 없는 상태에서의 결혼은 합법적 매춘에 다름 아니다'라는 충격적인 주장을 한다.

중국에서 여성의 지위에 대한 고려는 1930년대 이후부터 꾸준히 제기되어 오다가 1949년 신중국(新中国) 성립 이후 사회주의 제도와 입법 수단을 통하여 현실화되는데, 마오쩌둥(毛泽东)은 '하늘의 반은 여성이 떠받친다(妇女能顶半边天)'라는 말로 여성의 지위를 언어적으로 구체화시켰다. 또 남녀평등을 제창하기 위하여 '집을 보고(屋里的) 밥을 하는 사람(做饭的)'이라는 의미였던 '부인(太太)'을 '사랑하는 사람(爱人)'으로 바꾸어 부르게 된다. '남편(先生)' 역시 '爱人'으로 부르면서 국민당 통치 지역에서 사용됐던 '先生(남편)'과 '太太(부인)'라는 말은 거의 자취를 감추게 된다.

일을 찾지 못하거나 일에 대한 권리를 포기하여 경제적인 독립을 얻지 못한 여성은 주체적인 삶을 영위할 수 없다. 여성의 존엄성은 여성의 경제적 지위와 사회적 지위가 제대로 갖추어졌을 때 비로소 보장될 수 있는 것이다. 여성의 지위는 여성 인력의 활용과 동전의 양면 같은 것으로, 인구가 줄어드는 우리의 현실에서 정책의 우선순위가 되어야 하는 중대한 문제이기도 하다. 직장과 육아를 병행하는 중국 여성들이 '힘들다'고 하면서도 '남녀는 평등하다'고 말하는 것을 볼 때, 우리가 여성 문제에서 중국을 타산지석으로 삼아도 무방할 것으로 보인다.

중국의 화폐(人民币)에는 중국의 역사와 자연, 민족이 담겨 있어요.
그리고 지폐마다 중국의 정신적 지도자 마오쩌둥의 모습이 들어가 있답니다!

100元 뒷면에는 베이징 인민대회당(人民大会堂), 50元 뒷면에는 티벳의 포탈라궁(布达拉宫)이 그려져 있어요.

20元 뒷면에는 꾸이린 산수(桂林山水), 10元 뒷면에는 창장 삼협(长江三峡)이 등장해요.

5元 뒷면에는 타이산(泰山), 1元 뒷면에는 항저우(杭州)의 시후(西湖)가 나오지요.

10

多少钱一斤?

Duōshaoqián yì jīn?

한 근에 얼마인가요?

동전과 기타 지폐를 살펴 보면, 角는 아직도 종종 사용하지만 分은 이제 잘 쓰지 않아요.

学习目标 학습목표

· 물건 사기
· 가격 말하기
· 숫자 읽기 (2)

기본문형

· 多少钱一斤?
  Duōshaoqián yì jīn?

· 我可以试试这件唐装吗?
  Wǒ kěyǐ shìshi zhè jiàn tángzhuāng ma?

· 这件怎么样?
  Zhè jiàn zěnmeyàng?

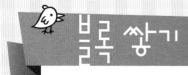
☐ 要 yào [동]필요하다, 원하다 [조동]~하려고 하다 (의지를 나타냄)

☐ 葡萄 pútao [명]포도

☐ 钱 qián [명]돈, 값, 금액

☐ 斤 jīn [양]근 (무게의 단위)

☐ 块 kuài [양]중국의 화폐 단위 ('圆', '元'에 해당함)

☐ 找 zhǎo [동](돈을) 거슬러 주다, 찾다

☐ 还 hái [부]또, 더

☐ 别的 bié de [명]다른 것

☐ 试 shì [동]해 보다, 시험하다, 시행하다

☐ 唐装 tángzhuāng [명]탕좡 (중국의 전통 의상)

☐ 有点儿 yǒudiǎnr [부]조금, 약간

☐ 怎么样 zěnmeyàng 어떻다, 어떠하다 (주로 의문문으로 쓰임)

☐ 正好 zhènghǎo [형]딱 맞다

☐ 百 bǎi [수]백, 100

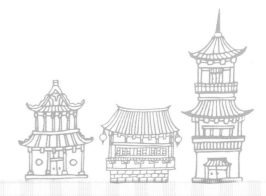

A 你好! 你要买什么?
Nǐ hǎo! Nǐ yào mǎi shénme?

B 我要买葡萄，多少钱一斤?
Wǒ yào mǎi pútao, duōshaoqián yì jīn?

A 三块五一斤。要多少?
Sān kuài wǔ yì jīn. Yào duōshao?

B 我要两❶斤。给您十块。
Wǒ yào liǎng jīn. Gěi nín shí kuài.

A 找您三块。还要别的吗?
Zhǎo nín sān kuài. Hái yào bié de ma?

B 不要了。谢谢!
Búyào le. Xièxie!

Note★

❶ 两: 양사 앞의 2는 '二'이 아니라 반드시 '两'으로 읽어야 한다.

예 两个 2개 / 两点 2시
　 liǎng ge　 liǎng diǎn
　 两块 2콰이 / 两毛 2마오
　 liǎng kuài　 liǎng máo

단, 앞에 다른 수가 추가되는 '12, 22, 32' 등에서의 2는 해당되지 않는다.

예 十二个 (O) 12개
　 shí'èr ge
　 十两个 (X)

　 二十二个 (O) 22개
　 èrshí'èr ge
　 二十两个 (X)

🚩 전진하기　　　　　　　　　　　　　🎧 Track 62

你要买什么?

1. 吃 chī 먹다

2. 喝 hē 마시다

我要两斤。

1. 一个 yí ge 한 개

2. 两本 liǎng běn 두 권

A 你好! 我可以试试这件唐装吗?

Nǐ hǎo! Wǒ kěyǐ shìshi zhè jiàn tángzhuāng ma?

B 可以，您试试吧。

Kěyǐ, nín shìshi ba.

A 这件有点儿大^❶，有小的吗?

Zhè jiàn yǒudiǎnr dà, yǒu xiǎo de ma?

B 这件怎么样^❷?

Zhè jiàn zěnmeyàng?

A 这件正好，多少钱?

Zhè jiàn zhènghǎo, duōshaoqián?

B 五百块。

Wǔbǎi kuài.

Note★

❶ 有点儿: '有(一)点儿'은 술어 앞에 놓여 '약간, 조금'의 뜻으로 쓰이며 약간의 불만이나 아쉬움을 나타낸다.

❷ 怎么样: '어떠한가'라는 의미로, 상대방의 의견을 물을 때 사용한다.

예 我们一起吃饭怎么样?
Wǒmen yìqǐ chīfàn zěnmeyàng?
우리 같이 식사하는 거 어때?

 전진하기

Track 64

这件有点儿大 。

1. 贵 guì 비싸다

2. 小 xiǎo 작다

这件怎么样?

1. 这部电影 zhè bù diànyǐng 이 영화

2. 那本词典 nà běn cídiǎn 그 사전

1 숫자 읽기 (2)

세 자리 이상의 수를 읽을 때는 '百 bǎi 백', '千 qiān 천', '万 wàn 만', '亿 yì 억' 등의 단위를 활용하여 한국어와 마찬가지로 읽는다. (예 46538 四万六千五百三十八) 그러나 세 자리 이상의 수에 0, 1, 2가 있는 경우 한국어 읽기와 다른 점이 있는데, 다음 몇 가지를 주의해야 한다.

0	0 뒤에 기수가 나오면 '零'으로 읽어야 한다. 3050 三千零五十 405 四百零五 sānqiān líng wǔshí sìbǎi líng wǔ 0 뒤에 기수가 없으면 읽지 않고, 마지막 단위는 생략 가능하다. 3500 三千五(百) 450 四百五(十) sānqiān wǔ(bǎi) sìbǎi wǔ(shí)
1	세 자리 수 이상에서의 숫자 1은 반드시 '一'로 읽어야 하고, 두 자리 수일 때 십의 자리 1은 읽지 않는다. 11111 一万一千一百一十一 12 十二 yíwàn yìqiān yìbǎi yìshíyī shí'èr
2	세 자리 수 이상에서 첫 번째 자리의 2는 '两'으로 읽는다. 2가 숫자 중간에 나올 때는 일반적으로 '两'을 쓴다. 그러나 마지막 단위가 생략될 경우에는 반드시 '二'로 읽는다. 2000 两千 42300 四万两千三(百) liǎngqiān sìwàn liǎngqiān sān(bǎi)

확인문제 1

다음 숫자를 중국어로 써 보세요

1 2202 ➡ _____

2 1010 ➡ _____

3 21200 ➡ _____

4 1200 ➡ _____

2 人民币 rénmínbì 읽기

중국 화폐는 '人民币 rénmínbì'라고 하며, 중국의 공식 화폐 단위는 '元 yuán, 角 jiǎo, 分 fēn'이지만 일상 회화에서는 '块 kuài, 毛 máo, 分 fēn'을 사용한다.

三十五块七毛九分

sānshíwǔ kuài qī máo jiǔ fēn

35.79

마지막 화폐 단위는 생략할 수 있고, 생략하지 않는 경우에는 뒤에 '钱 qián'을 붙일 수 있다.

五块三(毛)

wǔ kuài sān (máo)

5.30

五块(钱)

wǔ kuài (qián)

5.00

확인문제 2

다음 가격을 '块', '毛', '分'을 사용하여 나타내 보세요.

1 ￥2.00 ➡ _____   2 ￥103.50 ➡ _____

3 ￥1200.00 ➡ _____   4 ￥21020.00 ➡ _____

보충단어 人民币 rénmínbì 🅑 인민폐, 중국 화폐

3 조동사 要 yào

주어의 의지를 나타내며, '~하려고 한다, ~할 생각이다'라는 의미이다.

我要学太极拳。

Wǒ yào xué tàijíquán.

나는 태극권을 배우려고 한다.

我要学汉语。

Wǒ yào xué Hànyǔ.

나는 중국어를 배우려고 한다.

확인문제 3

다음 문장을 중국어로 바꿔 보세요.

1 나는 중국어사전 한 권을 사려고 한다. ➡ _____

2 나는 빵 세 개를 사려고 한다. ➡ _____

보충단어 太极拳 tàijíquán 🅑 태극권 ┃ 面包 miànbāo 🅑 빵

120

1 녹음을 듣고 괄호 안에 들어갈 알맞은 단어를 써 보세요.

1 葡萄( )一斤?

2 这件衣服( )?

보충단어 衣服 yīfu 图 옷

2 녹음을 듣고 질문에 대한 적절한 대답을 고르세요.

1 ❶ 我要买两斤。

❷ 我要买别的。

❸ 我要买葡萄。

2 ❶ 这件正好。

❷ 五百块。

❸ 您试试这件衣服吧。

3 '有点儿'을 사용하여 다음 문장을 중국어로 바꿔 보세요.

1 그는 좀 바쁘다. ➡ _____

2 이 책은 조금 어렵다. ➡ _____

4 다음 대화와 일치하지 않는 내용을 고르세요.

> A 你要买什么?
>
> B 我要买汉语词典，多少钱?
>
> A 四十六块。
>
> B 给您五十块。
>
> A 找您四块。

1 ❶ 她要买汉语词典。

  ❷ 汉语词典五十块。

5 다음 보기 속 밑줄 친 부분을 주어진 그림의 내용에 맞게 바꿔 쓰고, 친구와 대화해 보세요.

> 보기   A 这一件衣服多少钱?
>
>   B 九十八块钱。

1

¥65

(   )

2

¥10.5

(   )

G2 중국

일상생활과 사업의 필수품 I

웨이신(微信, 위챗)

중국 최대의 모바일 메신저. 사용 인구 약 10억명
중국판 카카오톡

바이두(百度)

중국의 기본 검색 도구. 중국판 네이버

타오바오(淘宝)

중국 최대의 온라인 쇼핑몰. 중국판 아마존닷컴

메이퇀(美团)

중국 최대의 딜리버리 앱. 중국판 배달의 민족

중화인민공화국의 수도는 베이징이죠. 역사적 고도이자 정치, 과학 기술, 교육의 중심지로 2008년 올림픽 이후 한층 더 새롭게 변모한 베이징의 명소들을 탐방해 볼까요?

왕푸징 王府井
베이징에서 가장 번화한 거리로, 각종 쇼핑몰과 백화점이 모여 있어요.

중관춘 中关村
베이징의 실리콘밸리로, 세계 유수의 기업들이 들어서 있으며 전자 제품 상가로도 유명해요.

허우하이 后海
야경이 특히 아름다운 호숫가로, 베이징의 옛 정취가 담긴 골목이 있어요.

11

去宜家家居怎么走?

Qù Yíjiājiājū zěnme zǒu?

이케아에 어떻게 가나요?

왕징 望京
우다오커우(五道口)와 함께 베이징 내의 한국인
밀집 지역으로 유명합니다.

학습목표
· 길 묻기
· 방위사
· 존재동사 在, 有

기본문형
· 去宜家家居怎么走?
Qù Yíjiājiājū zěnme zǒu?

· 离这儿远不远?
Lí zhèr yuǎn bu yuǎn?

· 这儿附近有地铁站吗?
Zhèr fùjìn yǒu dìtiězhàn ma?

☐ 怎么 zěnme 때 어떻게, 왜

☐ 走 zǒu 통 걷다

☐ 一直 yìzhí 부 계속, 줄곧

☐ 往 wǎng 통 향하다 전 ~쪽으로, ~를 향해

☐ 前 qián 명 앞

☐ 马路 mǎlù 명 큰길, 대로

☐ 右边 yòubian 명 오른쪽

☐ 离 lí 전 ~에서, ~로부터

☐ 这儿 zhèr 때 여기, 이곳

☐ 远 yuǎn 형 멀다

☐ 太 tài 부 매우, 아주

☐ 但是 dànshì 접 그러나

☐ 坐 zuò 통 타다, 앉다

☐ 地铁 dìtiě 명 지하철

☐ 附近 fùjìn 명 부근, 근처

☐ 地铁站 dìtiězhàn 지하철역

☐ 前面 qiánmiàn 명 앞, 앞부분

☐ 拐 guǎi 통 방향을 바꾸다, 돌아가다

고유명사

☐ 宜家家居 Yíjiājiājū 이케아 (스웨덴의 가구 및 생활소품 판매 업체)

☐ 中关村 Zhōngguāncūn 중관춘 (중국의 실리콘밸리, IT산업단지)

☐ 海淀区 Hǎidiànqū 하이뎬구 (베이징 내의 학교가 밀집되어 있는 교육 행정구)

☐ 王府井 Wángfǔjǐng 왕푸징 (베이징 중심부의 번화가)

A 请问，去宜家家居怎么走？

　Qǐngwèn, qù Yíjiājiājū zěnme zǒu?

B 一直往前走，马路右边就是。

　Yìzhí wǎng qián zǒu, mǎlù yòubian jiùshì.

A 离这儿远不远？

　Lí zhèr yuǎn bu yuǎn?

B 不太远。

　Bútài yuǎn.

A 谢谢！

　Xièxie!

 전진하기 Track 68

请问，去宜家家居怎么走？

1. 机场 jīchǎng 공항　　　　　　　2. 火车站 huǒchēzhàn 기차역

马路右边就是。

1. 东 dōng 동쪽　　　　　　　　　2. 左 zuǒ 왼쪽

A 中关村在哪儿?
　　Zhōngguāncūn zài nǎr?

B 在海淀区。
　　Zài Hǎidiànqū.

A 离王府井远吗?
　　Lí Wángfǔjǐng yuǎn ma?

B 有点儿远，但是你可以坐地铁。
　　Yǒudiǎnr yuǎn,　dànshì nǐ kěyǐ zuò dìtiě.

A 这儿附近有地铁站吗?
　　Zhèr fùjìn yǒu dìtiězhàn ma?

B 前面往右拐就是地铁站。
　　Qiánmiàn wǎng yòu guǎi jiùshì dìtiězhàn.

Note ★

❶ 각종 교통수단 명칭
自行车 zìxíngchē 자전거
公共汽车 gōnggòngqìchē 버스
出租车 chūzūchē 택시
地铁 dìtiě 지하철
飞机 fēijī 비행기
船 chuán 배

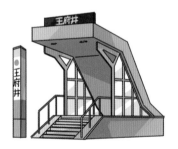

 전진하기 　　Track 70

中关村在哪儿?

1. 后海 Hòuhǎi 허우하이 (현대식 가게와 전통 가옥이 잘 조화된 베이징의 명소)

2. 望京 Wàngjīng 왕징 (베이징의 한국인 밀집 거주 지역)

离王府井远吗?

1. 你家 nǐ jiā 너희 집

2. 我们学校 wǒmen xuéxiào 우리 학교

내공쌓기

1 방위사

방향을 나타내는 방위사는 다음과 같이 정리할 수 있다.

동쪽	东边 dōngbian	남쪽	南边 nánbian	서쪽	西边 xībian	북쪽	北边 běibian
왼쪽	左边 zuǒbian	오른쪽	右边 yòubian	앞쪽	前边 qiánbian	뒤쪽	后边 hòubian
안쪽	里边 lǐbian	바깥쪽	外边 wàibian	옆쪽	旁边 pángbiān	맞은편	对面 duìmiàn
위쪽	上边 shàngbian	아래쪽	下边 xiàbian	가운데	中间 zhōngjiān		

2 존재를 나타내는 동사 在 zài 와 有 yǒu

동사 '在'와 '有'는 각각 용법은 다르지만, 모두 '어떤 장소에 무엇이 존재'한다는 것을 나타낸다.

[형식: 사물+在+장소]

我在银行对面。
Wǒ zài yínháng duìmiàn.
나는 은행 건너편에 있다.

[형식: 장소+有+대상]

我家附近有一所学校。
Wǒ jiā fùjìn yǒu yì suǒ xuéxiào.
우리 집 근처에 학교가 하나 있다.

확인문제! 1

'在'와 '有' 중 적당한 존재동사를 선택하여 괄호 안에 써 보세요.

1 桌子上面(　　) 一台电脑。　　　2 我们公司(　　) 地铁站旁边。

보충단어 对面 duìmiàn 명 맞은편, 건너편 | 所 suǒ 양 개, 동, 채 (집·학교·병원 등의 건축물을 세는 양사)
桌子 zhuōzi 명 탁자 | 台 tái 양 대 (기계·차량·설비 등을 세는 양사)

3 전치사 离 lí

'离'는 '~에서(부터)'의 뜻으로, 주어가 시간 또는 공간상의 어떤 기준점으로부터 떨어져 있는 간격을 나타낸다.

[형식: 주어+离+기준점+간격]

我们公司离地铁站挺远的。

Wǒmen gōngsī lí dìtiězhàn tǐng yuǎn de.

우리 회사는 지하철역에서 아주 멀다.

离开学还有一个星期。

Lí kāixué hái yǒu yí ge xīngqī.

개학까지 아직 일주일이 남았다.

확인문제 2

'离'를 사용하여 다음 문장을 중국어로 바꿔 보세요.

1 톈진은 베이징에서 가깝고, 충칭은 베이징에서 멀다. ➡ _____

2 내 생일까지 아직 한달 남았다. ➡ _____

보충단어 开学 kāixué 동 개학하다 | 天津 Tiānjīn 고유 톈진 | 近 jìn 형 가깝다 | 重庆 Chóngqìng 고유 충칭

1 녹음을 듣고 괄호 안에 들어갈 알맞은 단어를 써 보세요.

1 去宜家家居(　　　　)走?

2 (　　　　)这儿远不远?

2 녹음을 듣고 맞으면 ○, 틀리면 ✕를 표기하세요.

1 中关村在海淀区。(　　)

2 中关村离王府井不太远。(　　)

3 前面往左拐就是地铁站。(　　)

3 '在'나 '有'를 사용하여 다음 문장을 완성해 보세요.

1 洗手间(　　　　)教室左边。

2 桌子上(　　　　)一本词典。

3 我们学校附近(　　　　)很多商店。

4 我弟弟(　　　　)家里。

보충단어　商店 shāngdiàn 명 상점

4 다음 지문을 읽고 그림 위에 알맞은 건물명을 써 보세요.

❶ 宜家家居在北京大学旁边。

❷ 中国银行在北京大学对面。

❸ 从中国银行往前走，然后往左拐就是五道口医院。

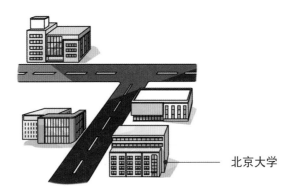

北京大学

보충단어 旁边 pángbiān 명 옆쪽 | 北京大学 Běijīng Dàxué 고유 베이징대학 | 从 cóng 전 ~부터, ~를 기점으로
然后 ránhòu 접 그 다음에 | 五道口 Wǔdàokǒu 고유 우다오커우 (베이징 명문 대학들이 자리한 대학가)

5 다음 잰말놀이를 연습해 보세요.

吃葡萄，不吐葡萄皮，　　포도를 먹었는데 포도 껍질을 뱉지 않고,
Chī pútao，　bù tǔ pútaopí，

不吃葡萄，倒吐葡萄皮。　포도를 먹지 않았는데 오히려 포도껍질을 뱉는다.
bù chī pútao，　dào tǔ pútaopí。

보충단어 吐 tǔ 동 뱉다, 토해내다 | 皮 pí 명 껍질, 피부, 가죽 | 倒 dào 부 오히려, 도리어 (예상과 어긋나는 경우에 쓰임)

일상생활과 사업의 필수품 2

도우인(抖音)

숏 비디오 플랫폼. 중국 무료 앱스토어 1위
TikTok은 도우인의 글로벌 버전

샤오홍슈(小红书)

일상생활의 각종 정보를 공유하는 사용자 제작
콘텐츠(UGC). 중국판 인스타그램

비리비리(哔哩哔哩)

중국 Z세대의 놀이터로 불리며 동영상에
자막과 댓글을 달 수 있음. 중국판 유튜브

아이치이(爱奇艺)

온라인 동영상 서비스. 중국판 넷플릭스

중국은 각지의 기후와 생산물이 다르고, 사람들의 입맛도 각각 달라요.
현재 중국에서는 쓰촨(四川)요리가 전국적으로 가장 사랑을 받고 있답니다.
한국인의 입맛에 잘 맞는 요리들을 우선 소개해 볼까요!

카오야 烤鴨
오리를 화로 위에 걸어 놓고 통째로 구운 요리
에요. 베이징 카오야가 유명합니다. 얇게 썰은
오리고기를 파와 오이채 등과 함께 밀전병에
싸서 먹어요.

궁바오지딩 宮保鸡丁
세계적으로 유명한 중국의 대표 요리 중 하
나입니다. 닭고기를 주재료로 해서 야채, 땅
콩 등과 함께 매콤하게 볶은 요리에요.

탕추리지 糖醋里脊
대표적인 중화요리의 하나에요. 한국의 탕
수육과 비슷합니다.

12

你想吃什么?

Nǐ xiǎng chī shénme?

무엇을 먹고 싶나요?

학습목표

· 음식 주문하기
· 선택의문문 A 还是 B
· 又A又B

기본문형

· 你喜欢哪些中国菜?
Nǐ xǐhuan nǎ xiē zhōngguócài?

· 你想吃川菜还是湘菜?
Nǐ xiǎng chī Chuāncài háishi Xiāngcài?

· 又酸又辣，非常好吃。
Yòu suān yòu là, fēicháng hǎochī.

딤섬 点心
광동요리의 일종으로 사오마이, 만두, 교자 등
종류가 다양하며 중국요리 가운데 간단하게 먹
을 수 있는 음식이랍니다.

 블록 쌓기

Track 72

□ 些 xiē 양 조금, 약간

□ 菜 cài 명 요리

□ 听说 tīngshuō 동 듣자 하니

□ 好吃 hǎochī 형 맛있다

□ 想 xiǎng 조동 바라다, ~하고 싶다 동 생각하다

□ 尝 cháng 동 맛보다, 시식하다

□ 种 zhǒng 양 종, 종류

□ 都 dōu 부 모두, 다, 전부

□ 次 cì 양 차례, 번, 회

□ 还是 háishi 접 또는, 아니면 (선택을 나타냄)

□ 先 xiān 부 먼저

□ 菜单 càidān 명 메뉴

□ 点 diǎn 동 주문하다

□ 咱们 zánmen 대 우리

□ 碗 wǎn 양 그릇, 공기

□ 饮料 yǐnliào 명 음료

□ 听 tīng 양 캔, 통 동 듣다

□ 味道 wèidao 명 맛, 냄새

□ 又 yòu 부 한편, 또한, 동시에

□ 酸 suān 형 시다, 시큼하다

고유명사

□ 川菜 Chuāncài 쓰촨(四川)요리

□ 湘菜 Xiāngcài 후난(湖南)요리

□ 酸菜鱼 Suāncàiyú 쏸차이위 (쓰촨요리의 일종)

□ 雪碧 Xuěbì 스프라이트 (sprite, 탄산음료의 일종)

136

A 你喜欢哪些①中国菜?

Nǐ xǐhuan nǎ xiē zhōngguócài?

B 听说②川菜和湘菜很好吃，我想尝尝。

Tīngshuō Chuāncài hé Xiāngcài hěn hǎochī, wǒ xiǎng chángchang.

A 这两种菜都有点儿辣，没关系吗?

Zhè liǎng zhǒng cài dōu yǒudiǎnr là, méiguānxi ma?

B 没事儿，我能吃辣的。

Méishìr, wǒ néng chī là de.

A 这次你想吃川菜还是湘菜?

Zhè cì nǐ xiǎng chī Chuāncài háishi Xiāngcài?

B 我们先尝尝川菜吧。

Wǒmen xiān chángchang Chuāncài ba.

Note ★

❶ 些: 확정적이지 않은 적은 수량을 나타낸다.

❷ 听说: '我听别人说'의 줄임말로, '내가 ~에게서 들었는데 ~이라더라'의 의미이다.

◉ 听说他是中国人。
Tīngshuō tā shì Zhōngguórén.
듣자 하니 그는 중국사람이라더라.

 전진하기   Track 74

我能吃辣的。

1. 甜 tián 달다

2. 咸 xián 짜다

这次你想吃川菜还是湘菜?

1. 吃面条 / 米饭 chī miàntiáo / mǐfàn 국수 / 밥을 먹다

2. 喝热水 / 凉水 hē rèshuǐ / liángshuǐ 따뜻한 물 / 차가운 물을 마시다

A 这是菜单，你点菜吧。

　　Zhè shì càidān, nǐ diǎncài ba.

B 咱们①要一个酸菜鱼和两碗米饭吧。

　　Zánmen yào yí ge Suāncàiyú hé liǎng wǎn mǐfàn ba.

A 好的。要饮料吗？

　　Hǎo de. Yào yǐnliào ma?

B 要两听②雪碧吧。

　　Yào liǎng tīng Xuěbì ba.

⋯⋯

A 酸菜鱼的味道怎么样？

　　Suāncàiyú de wèidao zěnmeyàng?

B 又酸又辣，非常好吃。

　　Yòu suān yòu là, fēicháng hǎochī.

Note ★

❶ 咱们: 듣는 사람을 포함한 '우리'를 의미한다. 같은 뜻인 '我们'은 듣는 사람을 포함하지 않을 수도 있다.

❷ 听: 캔을 세는 양사인데, 이것 외에도 '个 ge'나 '罐 guàn'을 쓸 수도 있다.

🚩 **전진하기**

🎧 Track 76

要两听雪碧吧。

1. 三碗面条 sān wǎn miàntiáo 국수 세 그릇

2. 一杯咖啡 yì bēi kāfēi 커피 한 잔

又酸又辣

1. 咸 / 甜 xián / tián 짜다 / 달다

2. 可爱 / 聪明 kě'ài / cōngming 귀엽다 / 총명하다

1 点 diǎn

'点'은 양사로 쓰일 때는 '시간'을, 동사로 쓰일 때는 '주문하다'라는 의미를 나타낸다.

九点七分
jiǔ diǎn qī fēn
9시 7분

咱们点什么菜呢?
Zánmen diǎn shénme cài ne?
우리 무슨 요리 주문할까?

확인문제 1

'点'의 뜻에 유의하여 다음 문장을 한국어로 번역해 보세요.

1 我们明天上午六点出发。 ➡ _____

2 你们要点什么酒? ➡ _____

보충단어 上午 shàngwǔ 몡 오전 | 出发 chūfā 통 출발하다

2 선택의문문 A 还是 háishi B

가능한 두 가지 대답을 '还是'로 연결하여 선택하도록 하는 의문문을 말한다.

你喜欢喝茶还是喝咖啡?
Nǐ xǐhuan hē chá háishi hē kāfēi?
차가 좋아 아니면 커피가 좋아?

你想喝啤酒还是喝白酒?
Nǐ xiǎng hē píjiǔ háishi hē báijiǔ?
맥주 마시고 싶어 아니면 고량주 마시고 싶어?

확인문제 2

다음 문장을 한국어로 번역해 보세요.

1 你喜欢他还是喜欢我? ➡ _____

2 你要辣的还是要酸的? ➡ _____

보충단어 茶 chá 몡 차 | 白酒 báijiǔ 몡 고량주

3 又 yòu A 又 yòu B

'A하기도 하고 B하기도 하다'라는 의미이다. A와 B에는 동사나 형용사가 들어갈 수 있는데, 둘은 항상 같은 성분이 들어가야 한다.

她的眼睛又大又亮。

Tā de yǎnjing yòu dà yòu liàng.

그녀의 눈동자는 크고 맑다.

他们又唱歌又跳舞，很高兴。

Tāmen yòu chànggē yòu tiàowǔ, hěn gāoxìng.

그들은 노래하고 춤추며 매우 기뻤다.

확인문제 3

'又……又……'를 사용하여 다음 문장을 중국어로 바꿔 보세요.

1 이 음식은 맵고 짜다. ➡ _____

2 그들은 고량주도 마시고 맥주도 마신다. ➡ _____

보충단어 眼睛 yǎnjing 몡 눈 | 亮 liàng 톙 밝다, 빛나다 | 跳舞 tiàowǔ 통 춤을 추다 | 高兴 gāoxìng 톙 기쁘다, 즐겁다

1 녹음을 듣고 괄호 안에 들어갈 알맞은 단어를 써 보세요.

1 你想吃川菜(　　　　　)湘菜?

2 酸菜鱼(　　　　　)酸(　　　　　)辣，非常好吃。

2 녹음을 듣고 맞으면 ○, 틀리면 ✕를 표기하세요.

1 川菜和湘菜都不太辣。(　　　)

2 他们不能吃辣的。(　　　)

3 今天他们要吃川菜。(　　　)

3 다음 그림을 보고 괄호 안에 들어갈 알맞은 양사를 보기 중에서 골라 써 보세요.

碗	听
瓶	个

1 A 这是菜单，你点菜吧。

   B 咱们要一(　　　　　)酸菜鱼和两(　　　　　)米饭吧。

   A 好的。要饮料吗?

   B 要两(　　　　　)啤酒和一(　　　　　)雪碧吧。

4 다음 그림과 내용이 일치하면 ○, 일치하지 않으면 ✕를 표기하세요.

1

他喝茶，不喝啤酒。（　　）

2

她吃酸菜鱼和米饭。（　　）

5 다음 단어들을 뜻이 통하도록 배열하세요.

1 哪些 / 你 / 中国 / 喜欢 / 菜 / ? ➜ _____

2 我 / 本 / 汉语 / 要 / 这 / 买 / 词典 / 。 ➜ _____

중국의 대표적 중국어 학습 앱(APP)

M Mandarin(漫中文)

중국어 학습을 위한 독창적인 만화 앱

SUPER CHINESE(超级中文)

AI를 이용한 중국어 발음, 단어, 어법, 대화 학습이
가능한 앱

HSK Online

HSK 수준별 시험 준비 및 문제 풀이 앱

베이징이 중국의 정치 중심지라면 상하이는 중국의 경제 중심지예요. 상하이는 중국에서 가장 현대화된 도시로 수많은 다국적 기업이 진출해 있는 꼭 한번 둘러봐야 할 곳이랍니다.

동팡밍쥬(동방명주) 东方明珠
상하이를 상징하는 랜드마크로서, 동팡밍쥬에 올라가면 상하이 전경을 볼 수 있어요

와이탄(외탄) 外滩
상하이의 중요한 수원인 황푸(黄浦) 강을 끼고, 강 서쪽에 자리 잡은 와이탄은 상하이의 주요 건물과 멋진 야경을 감상할 수 있는 곳이에요.

위위엔(예원) 豫园
대표적인 옛날 중국시 정원이에요. 매일 관광객으로 넘쳐나는 유명한 관광지인, 이곳에서는 여러가지 다양한 중국 음식을 즐길 수 있답니다.

복습 02

复习(二)

fùxí (èr)

大韩民国临时政府

대한민국 임시 정부 大韩民国临时政府
상하이에 가면 3·1운동 직후 조국 광복을 위해
설립된 대한민국 임시 정부도 꼭 찾아가 보세요.

학습목표

·07~12과 단어,
회화, 어법 복습하기

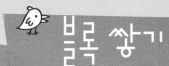

* 앞에서 배웠던 단어를 떠올리며 다음 괄호를 채워 보세요.

07과

1. 迟到 (　　　　) 통 지각하다
2. (　　　　) kàn 통 보다
3. (　　　　) xiànzài 명 지금, 현재
4. 点 (　　　　) 양 시
5. (　　　　) bàn 수 1/2, 30분
6. 今天 jīntiān (　　　　)
7. (　　　　) míngtiān 명 내일
8. (　　　　) yuè 명 달, 월
9. (　　　　) hào 명 일
10. 星期 xīngqī (　　　　)
11. 周末 (　　　　) 명 주말
12. (　　　　) shìr 명 일, 사정
13. 课 (　　　　) 명 수업
14. (　　　　) diànshì 명 TV, 텔레비전

08과

1. 喂 wéi (　　　　)
2. (　　　　) gěi 통 ~에게, ~를 위해서
3. (　　　　) dǎ 통 (전화를) 걸다
4. 电话 (　　　　) 명 전화
5. 号码 hàomǎ (　　　　)
6. (　　　　) duōshao 대 얼마
7. (　　　　) jiā 통 추가하다
8. 请 (　　　　) 통 부탁하다, 요청하다
9. (　　　　) wèn 통 묻다
10. (　　　　) kòng 명 틈, 짬
11. (　　　　) shíjiān 명 시간
12. 就 jiù (　　　　)
13. (　　　　) dāngrán 부 당연히
14. 挺 (　　　　) 부 꽤
15. (　　　　) yìqǐ 부 같이, 함께

09과

1. 会 (　　　　) 조동 ~할 줄 안다
2. (　　　　) néng 조동 ~할 수 있다
3. (　　　　) kěyǐ 조동 가능하다, ~해도 좋다
4. 喜欢 (　　　　) 통 좋아하다
5. 教 jiāo (　　　　)
6. (　　　　) bàng 형 멋지다, 대단하다
7. (　　　　) àihào 명 취미
8. 运动 (　　　　) 명 운동 통 운동하다
9. (　　　　) huáxuě 명 스키 통 스키를 타다
10. (　　　　) yóuyǒng 명 수영 통 수영하다
11. 下次 xiàcì (　　　　)
12. (　　　　) wèntí 명 문제
13. 千米 (　　　　) 양 킬로미터 (km)
14. (　　　　) zhèngzài 부 ~하는 중이다

1. ( ) yào 동 필요하다, 원하다
   조동 ~하려고 하다

2. ( ) shì 동 해 보다, 시험하다,
   시행하다

3. 找 ( ) 동 (돈을) 거슬러 주다, 찾다

4. ( ) bié de 명 다른 것

5. 正好 zhènghǎo ( )

6. ( ) qián 명 돈, 값, 금액

7. ( ) kuài 양 중국의 화폐 단위

8. 葡萄 ( ) 명 포도

9. ( ) jīn 양 근 (무게의 단위)

10. 唐装 ( ) 명 탕좡 (중국의 전통 의상)

11. ( ) zěnmeyàng 대 어떻다

12. 还 hái ( )

13. ( ) yǒudiǎnr 부 조금, 약간

1. ( ) zěnme 대 어떻게, 왜

2. 走 ( ) 동 걷다

3. ( ) guǎi 동 방향을 바꾸다, 돌아가다

4. ( ) wǎng 동 향하다 전 ~쪽으로, ~를 향해

5. 前 qián ( )

6. 右边 ( ) 명 오른쪽

7. ( ) fùjìn 명 부근, 근처

8. 前面 ( ) 명 앞, 앞부분

9. ( ) lí 전 ~로부터

10. ( ) yuǎn 형 멀다

11. 太 tài ( )

12. ( ) zuò 동 타다, 앉다

13. ( ) dìtiě 명 지하철

14. 但是 ( ) 접 그러나

15. ( ) yìzhí 부 계속, 줄곧

1. 想 ( ) 조동 ~하고 싶다 동 생각하다

2. ( ) diǎn 동 주문하다

3. ( ) tīngshuō 동 듣자 하니

4. 尝 cháng ( )

5. ( ) zánmen 대 우리

6. ( ) xiān 부 먼저

7. 菜 ( ) 명 요리

8. ( ) càidān 명 메뉴

9. 饮料 yǐnliào ( )

10. ( ) wèidao 명 맛, 냄새

11. ( ) hǎochī 형 맛있다

12. 还是 ( ) 접 또는, 아니면 (선택을 나타냄)

13. ( ) xiē 양 조금, 약간

14. 次 cì ( )

15. ( ) tīng 양 캔, 통 동 듣다

* 앞에서 배웠던 내용을 떠올리며 상황별 핵심 회화를 복습해 보세요.

시간·날짜·요일

A 现在几点?
Xiànzài jǐ diǎn?

B 现在两点二十分。
Xiànzài liǎng diǎn èrshí fēn.

A 今天几月几号?
Jīntiān jǐ yuè jǐ hào?

B 今天九月十七号。
Jīntiān jiǔ yuè shíqī hào.

A 星期四吗?
Xīngqīsì ma?

B 不是，今天星期五。
Bú shì, jīntiān xīngqīwǔ.

전화

A 你的手机号码是多少?
Nǐ de shǒujī hàomǎ shì duōshao?

B 13906728898。
Yāo sān jiǔ líng liù qī èr bā bā jiǔ bā.

A 喂，您好，请问，是李民秀吗?
Wéi, nín hǎo, qǐngwèn, shì Lǐ Mínxiù ma?

B 是，您是哪位?
Shì, nín shì nǎ wèi?

취미

A 你的爱好是什么?
Nǐ de àihào shì shénme?

B 我喜欢玩游戏。
Wǒ xǐhuan wán yóuxì.

A 你喜欢什么运动?
Nǐ xǐhuan shénme yùndòng?

B 我喜欢游泳。
Wǒ xǐhuan yóuyǒng.

물건 사기

A 你要买什么?
Nǐ yào mǎi shénme?

B 我要买葡萄，多少钱一斤?
Wǒ yào mǎi pútao, duōshaoqián yì jīn?

A 我可以试试这件唐装吗?
　　Wǒ kěyǐ shìshi zhè jiàn tángzhuāng ma?

B 可以，您试试吧。
　　Kěyǐ,　　nín shìshi ba.

위치

A 请问，去宜家家居怎么走?
　　Qǐngwèn, qù Yíjiājiājū zěnme zǒu?

B 一直往前走，马路右边就是。
　　Yìzhí wǎng qián zǒu, mǎlù yòubian jiùshì.

A 中关村离王府井远吗?
　　Zhōngguāncūn lí Wángfǔjǐng yuǎn ma?

B 有点儿远，但是你可以坐地铁。
　　Yǒudiǎnr yuǎn, dànshì nǐ kěyǐ zuò dìtiě.

음식

A 你喜欢哪些中国菜?
　　Nǐ xǐhuan nǎ xiē zhōngguócài?

B 听说川菜和湘菜很好吃，我想尝尝。
　　Tīngshuō Chuāncài hé Xiāngcài hěn hǎochī, wǒ xiǎng chángchang.

A 这是菜单，你点菜吧。
　　Zhè shì càidān, nǐ diǎncài ba.

B 咱们要一个酸菜鱼和两碗米饭吧。
　　Zánmen yào yí ge Suāncàiyú hé liǎng wǎn mǐfàn ba.

* 앞에서 배웠던 내용을 떠올리며 주요 어법을 복습해 보세요.

숫자

零	一	二	三	四	五	六	七	八	九	十
líng	yī	èr	sān	sì	wǔ	liù	qī	bā	jiǔ	shí
0	1	2	3	4	5	6	7	8	9	10

一	十	百	千	万	亿
yī	shí	bǎi	qiān	wàn	yì
1	10	100	1,000	10,000	100,000,000

시간

시간을 나타낼 때 '시'는 '点 diǎn', '분'은 '分 fēn', '초'는 '秒 miǎo'로 표현하고, 시간의 분량을 나타낼 때 '시간'은 '小时 xiǎoshí', '분'은 '分钟 fēnzhōng'으로 표현한다.

一点二十五分三十秒　1시 25분 30초
yī diǎn èrshíwǔ fēn sānshí miǎo

三个小时二十分钟　3시간 20분
sān ge xiǎoshí èrshí fēnzhōng

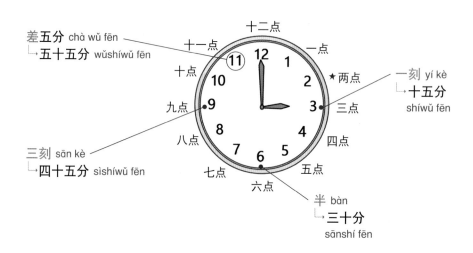

差五分 chà wǔ fēn
↳五十五分 wǔshíwǔ fēn

一刻 yí kè
↳十五分 shíwǔ fēn

三刻 sān kè
↳四十五分 sìshíwǔ fēn

半 bàn
↳三十分 sānshí fēn

十二点
十一点　一点
十点　★两点
九点　三点
八点　四点
七点　五点
六点

❶ 연도

一九九四年 1994년
yī jiǔ jiǔ sì nián

二零一六年 2016년
èr líng yī liù nián

❷ 월과 일

一月	二月	三月	四月	五月	六月
yī yuè	èr yuè	sān yuè	sì yuè	wǔ yuè	liù yuè
1월	2월	3월	4월	5월	6월
七月	八月	九月	十月	十一月	十二月
qī yuè	bā yuè	jiǔ yuè	shí yuè	shíyī yuè	shí'èr yuè
7월	8월	9월	10월	11월	12월

一号 yī hào 1일   二号 èr hào 2일   三号 sān hào 3일   ……   十号 shí hào 10일

十一号 shíyī hào 11일   ……   二十号 èrshí hào 20일   ……   三十号 sānshí hào 30일

❸ 요일

星期一	星期二	星期三	星期四	星期五	星期六	星期天 / 星期日
xīngqīyī	xīngqī'èr	xīngqīsān	xīngqīsì	xīngqīwǔ	xīngqīliù	xīngqītiān / xīngqīrì
월요일	화요일	수요일	목요일	금요일	토요일	일요일

人民币 읽기

공식 화폐 단위: 元 yuán, 角 jiǎo, 分 fēn
일상 회화 단위: 块 kuài, 毛 máo, 分 fēn

三十五块七毛九分   ￥35.79
sānshíwǔ kuài qī máo jiǔ fēn

전치사 给

[의미: ~에게, ~를 위해서]　　　[형식: 给+대상+동작]

下午我给你打电话。
Xiàwǔ wǒ gěi nǐ dǎ diànhuà.
오후에 내가 너에게 전화할게.

전치사 离

[의미: ~에서(부터)]　　　[형식: 주어+离+기준점+간격]

我们公司离地铁站挺远的。
Wǒmen gōngsī lí dìtiězhàn tǐng yuǎn de.
우리 회사는 지하철역에서 아주 멀다.

离开学还有一个星期。
Lí kāixué hái yǒu yí ge xīngqī.
개학까지 아직 일주일이 남았다.

조동사 会, 能

[의미: 会 – 학습과 훈련을 통해 배워서 '할 줄 안다'　能 – 어떤 일을 '할 수 있는' 능력이나 조건이 된다]

你会说英语吗?
Nǐ huì shuō Yīngyǔ ma?
너 영어할 줄 아니?

你能吃辣的吗?
Nǐ néng chī là de ma?
너 매운 거 먹을 수 있니?

조동사 可以

[의미: ~할 수 있다, 가능하다, ~해도 좋다]

你可以不喝酒。
Nǐ kěyǐ bù hējiǔ.
너 술 안 마셔도 돼.

你可以给他打电话。
Nǐ kěyǐ gěi tā dǎ diànhuà.
너 그 사람한테 전화해도 돼.

조동사 要

[의미: ~하려고 한다, ~할 생각이다 (주어의 의지를 나타냄)]

我要学太极拳。
Wǒ yào xué tàijíquán.
나는 태극권을 배우려고 한다.

我要学汉语。
Wǒ yào xué Hànyǔ.
나는 중국어를 배우려고 한다.

존재동사 在, 有

[형식: 사물+在+장소]

我在银行对面。

Wǒ zài yínháng duìmiàn.

나는 은행 건너편에 있다.

[형식: 장소+有+대상]

我家附近有一所学校。

Wǒ jiā fùjìn yǒu yì suǒ xuéxiào.

우리 집 근처에 학교가 하나 있다.

진행형 (正)在……呢

[의미: ～하는 중이다]　　[형식: 주어+(正)在+동사+(목적어)+呢]

妈妈(正)在看电视呢。

Māma (zhèng)zài kàn diànshì ne.

엄마는 지금 텔레비전을 보고 계신다.

爸爸(正)在学汉语呢。

Bàba (zhèng)zài xué Hànyǔ ne.

아빠는 지금 중국어를 배우고 계신다.

동사의 중첩

'가볍게, 짧은 시간에 시험 삼아 한번 좀 ～해 보다'라는 어기를 나타낸다.

你听听这首歌。

Nǐ tīngting zhè shǒu gē.

너 이 노래 좀 들어 봐.

我想一想吧。

Wǒ xiǎng yi xiǎng ba.

내가 생각 좀 해 볼게.

선택의문문 A还是B

가능한 두 가지 대답을 '还是'로 연결하여 선택하도록 하는 의문문을 말한다.

你喜欢喝茶还是喝咖啡?

Nǐ xǐhuan hē chá háishi hē kāfēi?

차가 좋아 아니면 커피가 좋아?

你想喝啤酒还是喝白酒?

Nǐ xiǎng hē píjiǔ háishi hē báijiǔ?

맥주 마시고 싶어 아니면 고량주 마시고 싶어?

*본문 해석

02 안녕하세요!

실력 쌓기 1

A 안녕!
B 안녕!
A 잘가!
B 잘가!

실력 쌓기 2

A 고마워!
B 천만에!
A 미안해!
B 괜찮아!

03 바쁘세요?

실력 쌓기 1

A 너 바쁘니?
B 나 너무 바빠. 너는?
A 나도 바빠. 너 어디 가니?
B 나는 교실에 가.

실력 쌓기 2

A 너 피곤하니?
B 나 너무 피곤해.
A 너 좀 쉬어.

04 이름이 뭐예요?

실력 쌓기 1

A 너 이름이 뭐니?
B 나는 쑨리라고 해. 너는?
A 내 성은 이, 이름은 민수야. 그녀는 누구니?
B 그녀는 내 학교 친구야.

실력 쌓기 2

A 너는 한국인이니?
B 나는 한국인이야. 너는?
A 나는 중국인이야. 그는 너의 남자친구니?
B 그는 내 남자친구가 아니야. 그는 내 오빠야.

05 가족이 몇 명이에요?

실력 쌓기 1

A 너희 집 식구는 몇 명이니?
B 우리 집 식구는 아버지, 어머니, 그리고 나, 세 명이야.
A 너는 형제자매가 있니?
B 없어. 나는 외동딸이야. 너는?
A 나는 남동생이 한 명 있어.

실력 쌓기 2

A 너의 아버지께서는 어디에서 일하시니?
B 내 아버지는 은행에서 일하셔.
A 너의 어머니께서는 무슨 일을 하시니?
B 어머니는 선생님이셔.

06 올해 몇 살이에요?

실력 쌓기 1

A 너는 올해 몇 살이니?
B 나는 곧 스무 살이 돼.
A 너는 몇 년도 생이니?
B 나는 1996년 생이야.

실력 쌓기 2

A 너의 부모님께서는 연세가 어떻게 되시니?
B 아버지는 올해 쉰아홉 세이시고, 어머니는 올해 쉰여섯 세이셔.
A 이 아이는 너의 아이니? 몇 살이니?
B 응, 올해 다섯 살이야.
A 얘 정말 귀엽구나.

07 지금 몇 시예요?

실력 쌓기 1

A 지금 몇 시니?
B 지금 2시 20분이야.
A 나 지각하겠는데.
B 너 일이 있니?
A 나 두 시 반에 수업이 있어.
B 너 빨리 가봐.

A 오늘이 몇 월 며칠이니?

B 오늘 9월 17일이야.

A 목요일이니?

B 아니, 오늘 금요일이야. 내일은 주말이야.

A 주말에 너는 뭘 하니?

B 나는 집에서 텔레비전을 봐.

08 휴대전화 번호가 어떻게 되세요?

실력 쌓기 1

A 너 휴대전화 번호가 어떻게 되니?

B 13906728898이야. 네 거는?

A 15035617218이야. 너 위챗 있니?

B 있어. 위챗 번호는 바로 내 휴대전화 번호야.

A 내가 너 위챗에 추가할게.

실력 쌓기 2

A 여보세요? 안녕하세요. 말씀 좀 묻겠는데요. 이민수 씨
인가요?

B 네, 누구시죠?

A 나 학교 친구 쑨리야. 나 기억하니?

B 당연히 기억하지. 너 잘 지내니?

A 아주 잘 지내. 시간 있으면 우리 같이 밥 먹자.

B 좋아. 내가 시간을 좀 보고, 다시 너한테 전화할게.

09 취미가 무엇인가요?

실력 쌓기 1

A 너 취미가 뭐니?

B 나는 게임 하는 거 좋아해. 너는?

A 나는 스키 타는 거 좋아해. 너 스키 탈 줄 아니?

B 나 못 타.

A 다음에 내가 너 가르쳐 줄게.

B 좋아.

실력 쌓기 2

A 너 어떤 운동을 좋아하니?

B 나는 수영을 좋아해. 너 수영할 줄 아니?

A 나 할 줄 알아. 나는 천 미터도 수영할 수 있어.

B 정말 대단하구나. 너 나한테 수영하는 거 가르쳐 줄 수
있니?

A 문제없어! 내 여동생이 배우는 중이야. 너 그 애랑 같이
배워 봐.

B 고마워.

10 한 근에 얼마인가요?

실력 쌓기 1

A 안녕하세요! 무엇을 사실 건가요?

B 저 포도를 사려고. 한 근에 얼마예요?

A 한 근에 3.5콰이예요. 얼마나 필요하세요?

B 저 두 근 주세요. 10콰이 드릴게요.

A 3콰이 거슬러 드릴게요. 다른 거 더 필요하세요?

B 됐어요. 감사합니다!

실력 쌓기 2

A 안녕하세요! 저 이 탕좡 좀 입어 봐도 될까요?

B 됩니다. 입어 보세요.

A 이 옷은 좀 크네요. 작은 것 있어요?

B 이 옷 어떠세요?

A 이 옷이 딱 맞네요. 얼마예요?

B 500콰이예요.

11 이케아에 어떻게 가나요?

실력 쌓기 1

A 말씀 좀 묻겠습니다. 이케아에 어떻게 가나요?

B 계속 앞으로 가다 보면 바로 큰 길 오른쪽에 있어요.

A 여기에서 먼가요?

B 별로 안 멀어요.

A 감사합니다!

실력 쌓기 2

A 중관춘이 어디에 있나요?

B 하이덴 구에 있어요.

A 왕푸징에서 먼가요?

B 조금 멀어요. 하지만 지하철을 타시면 돼요.

A 이 근처에 지하철역이 있나요?

B 앞에서 오른쪽으로 돌면 바로 지하철역이에요.

*본문 해석

12 무엇을 먹고 싶나요?

실력 쌓기 1

A 너는 어떤 중국요리를 좋아하니?

B 듣자 하니 쓰촨요리와 후난요리가 아주 맛있다던데, 나 좀 맛보고 싶어.

A 이 두 요리는 다 조금 매운데, 괜찮겠니?

B 괜찮아. 나 매운 것 잘 먹어.

A 이번에 너 쓰촨요리 먹을래, 아니면 후난요리 먹을래?

B 우리 먼저 쓰촨요리 먹어 보자.

실력 쌓기 2

A 이게 메뉴야. 네가 주문해 봐.

B 우리 쏸차이위 하나랑 밥 두 공기 시키자.

A 좋아. 음료수 시킬까?

B 스프라이트 두 캔 시키자.

　　……

A 쏸차이위의 맛이 어떠니?

B 시큼하고 매운데 굉장히 맛있어.

*모범 답안

02 你好!

1 1 一会儿见
2 没关系
3 大家好
4 不用谢

2 1 ③
2 ②

3 1 ③
2 ①
3 ②

03 你忙吗?

내공쌓기

확인문제 1

1 汉语很难。
2 汉语不难。

확인문제 2

1 北京欢迎你。
2 我不去教室。

확인문제 3

1 你忙不忙?
2 你去不去银行?

단련하기

1 1 ③
2 ①
3 ②
4 ④

2 1 不 / 很 / 吧
2 吗 / 呢 / 也

3 1 你也休息吧。
2 我去教室。

04 你叫什么名字?

내공쌓기

확인문제 1

1 你学什么?
2 她是谁?

확인문제 2

1 他不是我(的)同学。
2 她是你(的)女朋友吗?

확인문제 3

1 这是他的英语书。
2 她是我女儿。

단련하기

1 1 中国
2 美国
3 韩国
4 日本

2 1 呢
2 吗

05 你家有几口人?

내공쌓기

확인문제 1

1 位 또는 个
2 个
3 本

확인문제 2

1 她没有汉语词典。
2 你有哥哥吗?

확인문제 3

1 她在银行工作。
2 你在哪儿学英语?

단련하기

1 녹음 대본

我家有四口人: 爸爸、妈妈、弟弟和我。

*모범 답안

1 1 ×
   2 ○
   3 ×

2 1 你有几个哥哥?
   2 她有几本汉语词典?

3 1 你爸爸做什么工作?
   2 我哥哥在邮局工作。

06 你今年多大了?

내공쌓기

확인문제 1

1 我今年二十二岁。
2 她不是上海人。

확인문제 2

1 孩子长大了。
2 我今年二十岁了。

확인문제 3

1 这是我的词典。
2 你在哪个教室上课?

단련하기

1 1 五十九 / 五十六

2 1 他是二零一五年生的。
   2 他是一九九八年生的。
   3 他是一九三七年生的。

3 1 几
   2 多大 / 快 / 了

复习 (一)

블록쌓기

02과

1	nǐ hǎo	2	zàijiàn
3	一会儿见	4	xièxie
5	천만에요, 뭘요	6	búyòngxiè
7	对不起	8	méiguānxi
9	méishìr	10	여러분, 모두

03과

1	máng	2	lèi
3	가다	4	休息
5	nǎr	6	jiàoshì
7	也	8	매우
9	ne	10	ba

04과

1	jiào	2	성, 성이 ~이다
3	shì	4	shénme
5	谁	6	tā
7	그, 그 사람	8	míngzi
9	Hánguórén	10	Zhōngguórén
11	학우, 급우	12	nánpéngyou
13	大学生	14	gēge
15	nǚ'ér		

05과

1	yǒu	2	méiyǒu
3	在	4	하다
5	jǐ	6	ge
7	口	8	jiā
9	아버지	10	māma
11	dìdi	12	형제자매
13	dúshēngnǚ	14	gōngzuò
15	老师		

06과

1	duōdà	2	kuài
3	了	4	kě'ài
5	胖	6	태어나다
7	shēngqì	8	jiéhūn
9	今年	10	나이, 연령
11	fùmǔ	12	háizi
13	儿子	14	zhēn
15	대단히, 굉장히		

07 现在几点?

내공쌓기

확인문제 1

1 十点十分
2 八点十五分 또는 八点一刻
3 两点三十分 또는 两点半

158

4 五点五十分 또는 差十分六点

확인문제 2

1 二零一六年十月三十一号(日)星期一下午十点
十五分(十点一刻)

1

녹음 대본

明天星期五, 上午八点我有课。

1 ○
2 ×
3 ×

2 1 两点半
2 差五分七点
3 十二点十五分 또는 十二点一刻

3 1 一九九四年七月二十一号(日)
2 二零零二年三月十五号(日)
3 二零一六年十二月五号(日)

4 1 星期四
2 五月十一号(日)
3 星期五

08 你的手机号码是多少?

내공쌓기

확인문제 2

1 ①
2 ①

확인문제 3

1 我在这儿等等他。
2 你问问老师。

단련하기

1 1 多少
2 给

2

녹음 대본

A 你的手机号码是多少?
B 13915736891。

1 ②

3 1 七二五路
2 九零三号

4 1 ③
2 ②

5 1 在 / 就 / 哪 / 有 / 空 / 吧

09 你的爱好是什么?

내공쌓기

확인문제 1

1 会
2 能

확인문제 2

1 我可以用你的电脑吗?
2 你可以教我英语吗?

확인문제 3

1 老师(正)在打电话呢。
2 他(正)在开车呢。

단련하기

1 1 爱好
2 喜欢

2

녹음 대본

1 你会滑雪吗?
2 我能游两百米。

1 ②
2 ①

3 1 能
2 会
3 能
4 会 또는 能

4 1 哥哥 / 看电视
2 女朋友 / 吃饭
3 爸爸 / 打棒球

*모범 답안

10 多少钱一斤?

내공쌓기

확인문제 1

1 两千两百零二 또는 两千二百零二
2 一千零一十
3 两万一千两百 또는 两万一千二(百)
4 一千两百 또는 一千二(百)

확인문제 2

1 两块
2 一百零三块五(毛)
3 一千两百(块) 또는 一千二(块)
4 两万一千零二十(块)

확인문제 3

1 我要买一本汉语词典。
2 我要买三个面包。

단련하기

1　1 多少钱
　　2 怎么样

2
> **녹음 대본**
>
> 1 你要买什么?
> 2 这件衣服怎么样?

　　1 ③
　　2 ①

3　1 他有点儿忙。
　　2 这本书有点儿难。

4　1 ②

5　1 两本书 / 六十五块
　　2 三瓶啤酒 / 十块五毛

11 去宜家家居怎么走?

내공쌓기

확인문제 2

1 有
2 在

확인문제 3

1 天津离北京近，重庆离北京远。
2 离我的生日还有一个月。

단련하기

1　1 怎么
　　2 离

2
> **녹음 대본**
>
> A 中关村在哪儿?
> B 在海淀区。
> A 离王府井远吗?
> B 有点儿远，但是你可以坐地铁。
> A 这儿附近有地铁站吗?
> B 前面往右拐就是地铁站。

　　1 ○
　　2 ×
　　3 ×

3　1 在
　　2 有
　　3 有
　　4 在

4
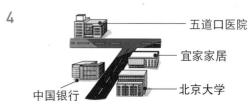
五道口医院
宜家家居
北京大学
中国银行

12 你想吃什么?

내공쌓기

확인문제 1

1 우리는 내일 오전 6시에 출발한다.
2 너희는 어떤 술을 주문할 거니?

확인문제 2

1 너는 그를 좋아하니 아니면 나를 좋아하니?
2 너는 매운 것을 원하니 아니면 신 것을 원하니?

확인문제 3

1 这个菜又辣又咸。

2 他们又喝白酒又喝啤酒。

1 1 还是

    2 又, 又

2 녹음 대본

    A 你喜欢哪些中国菜?

    B 听说川菜和湘菜很好吃, 我想尝尝。

    A 这两种菜都有点儿辣, 没关系吗?

    B 没事儿, 我能吃辣的。

    A 这次你想吃川菜还是湘菜?

    B 我们先尝尝川菜吧。

    1 ×

    2 ×

    3 ○

3 1 个 / 碗 / 瓶 / 听

4 1 ○

    2 ×

5 1 你喜欢哪些中国菜?

    2 我要买这本汉语词典。

复习 (二)

07과

1	chídào	2	看
3	现在	4	diǎn
5	半	6	오늘
7	明天	8	月
9	号	10	요일
11	zhōumò	12	事儿
13	kè	14	电视

08과

1	여보세요	2	给
3	打	4	diànhuà
5	번호	6	多少
7	加	8	qǐng

9	问	10	空
11	时间	12	바로
13	当然	14	tǐng
15	一起		

09과

1	huì	2	能
3	可以	4	xǐhuan
5	가르치다	6	棒
7	爱好	8	yùndòng
9	滑雪	10	游泳
11	다음 번	12	问题
13	qiānmǐ	14	正在

10과

1	要	2	试
3	zhǎo	4	别的
5	딱 맞다	6	钱
7	块	8	pútao
9	斤	10	tángzhuāng
11	怎么样	12	또, 더
13	有点儿		

11과

1	怎么	2	zǒu
3	拐	4	往
5	앞	6	yòubian
7	附近	8	qiánmiàn
9	离	10	远
11	매우, 아주	12	坐
13	地铁	14	dànshì
15	一直		

12과

1	xiǎng	2	点
3	听说	4	맛보다, 시식하다
5	咱们	6	先
7	cài	8	菜单
9	음료	10	味道
11	好吃	12	háishi
13	些	14	차례, 번, 회
15	听		

*한어병음 자모 배합표

	a	o	e★	i(-i)	u	ü	ai	ao	an	ang	ou	ong	ei★	en★	eng★	er	ia
b	ba	bo		bi	bu		bai	bao	ban	bang		.	bei	ben	beng		
p	pa	po		pi	pu		pai	pao	pan	pang	pou		pei	pen	peng		
m	ma	mo	me	mi	mu		mai	mao	man	mang	mou		mei	men	meng		
f	fa	fo			fu				fan	fang	fou		fei	fen	feng		
d	da		de	di	du		dai	dao	dan	dang	dou	dong	dei	den	deng		
t	ta		te	ti	tu		tai	tao	tan	tang	tou	tong			teng		
n	na		ne	ni	nu	nü	nai	nao	nan	nang	nou	nong	nei	nen	neng		
l	la		le	li	lu	lü	lai	lao	lan	lang	lou	long	lei		leng		lia
g	ga		ge		gu		gai	gao	gan	gang	gou	gong	gei	gen	geng		
k	ka		ke		ku		kai	kao	kan	kang	kou	kong	kei	ken	keng		
h	ha		he		hu		hai	hao	han	hang	hou	hong	hei	hen	heng		
j				ji	ju												jia
q				qi	qu												qia
x				xi	xu												xia
zh	zha		zhe	zhi	zhu		zhai	zhao	zhan	zhang	zhou	zhong	zhei	zhen	zheng		
ch	cha		che	chi	chu		chai	chao	chan	chang	chou	chong		chen	cheng		
sh	sha		she	shi	shu		shai	shao	shan	shang	shou		shei	shen	sheng		
r			re	ri	ru			rao	ran	rang	rou	rong		ren	reng		
z	za		ze	zi	zu		zai	zao	zan	zang	zou	zong	zei	zen	zeng		
c	ca		ce	ci	cu		cai	cao	can	cang	cou	cong		cen	ceng		
s	sa		se	si	su		sai	sao	san	sang	sou	song		sen	seng		
성모가 없을 때	a	o	e	yi	wu	yu	ai	ao	an	ang	ou		ei	en	eng	er	ya

○ 운모 'ü'가 성모 'j', 'q', 'x'와 결합할 때 각각 'ju', 'qu', 'xu'로 표기한다.

○ 'i'의 발음은 우리말 '으' 발음과 유사한데, 구강의 앞부분에서 발음하도록 한다.

○ 운모 'i', 'u', 'ü'가 성모 없이 단독으로 쓰일 때 각각 'yi', 'wu', 'yu'로 표기한다.

주의해야 할 발음

- 'e'가 성모와 결합할 때는 [ɤ]로 발음한다. 단, 'e'가 '了(le)'와 같이 경성으로 쓰일 때는 [ə]로 발음한다.
- 'ei'의 'e'는 [e]로 발음한다.
- 'en'과 'eng'의 'e'는 [ə]로 발음한다.

※ 감탄사에 나오는 음절(ng, hm, hng 등)은 생략함.

ie	iao	iou(iu)	ian	in	iang	ing	iong	ua	uo	uai	uei(ui)	uan	uen(un)	uang	ueng	üe	üan	ün
bie	biao		bian	bin		bing												
pie	piao		pian	pin		ping												
mie	miao	miu	mian	min		ming												
die	diao	diu	dian			ding			duo		dui	duan	dun					
tie	tiao		tian			ting			tuo		tui	tuan	tun					
nie	niao	niu	nian	nin	niang	ning			nuo			nuan				nüe		
lie	liao	liu	lian	lin	liang	ling			luo			luan	lun			lüe		
								gua	guo	guai	gui	guan	gun	guang				
								kua	kuo	kuai	kui	kuan	kun	kuang				
								hua	huo	huai	hui	huan	hun	huang				
jie	jiao	jiu	jian	jin	jiang	jing	jiong									jue	juan	jun
qie	qiao	qiu	qian	qin	qiang	qing	qiong									que	quan	qun
xie	xiao	xiu	xian	xin	xiang	xing	xiong									xue	xuan	xun
								zhua	zhuo	zhuai	zhui	zhuan	zhun	zhuang				
								chua	chuo	chuai	chui	chuan	chun	chuang				
								shua	shuo	shuai	shui	shuan	shun	shuang				
								rua	ruo		rui	ruan	run					
									zuo		zui	zuan	zun					
									cuo		cui	cuan	cun					
									suo		sui	suan	sun					
ye	yao	you	yan	yin	yang	ying	yong	wa	wo	wai	wei	wan	wen	wang	weng	yue	yuan	yun

'uei', 'uen'이 성모와 결합할 때 각각 'ui', 'un'으로 표기한다.

'ü'가 'j', 'q', 'x'와 결합할 때 'u'로 표기한다.

'iou'가 성모와 결합할 때 'iu'로 표기한다.

'i'가 음절의 첫 글자로 쓰일 때 'y'로 표기한다.

'ü'가 음절의 첫 글자로 쓰일 때 'yu'로 표기한다.

'u'가 음절의 첫 글자로 쓰일 때 'w'로 표기한다.

- 'ie'의 'e'는 [ɛ]로 발음한다.
- 'ian'의 'a'는 [ɛ]로 발음한다.
- 'uei'의 'e'는 [e]로 발음한다.
- 'üe'의 'e'는 [ɛ]로 발음한다.

※ [ ] 안의 음가는 국제음성기호(IPA)를 따름

*단어 색인

단어	한어병음	페이지(해당 과)

G

高兴	gāoxìng	140(12)
哥哥	gēge	47(04)
歌	gē	100(08)
个	ge	57(05)
给	gěi	96(08)
工作	gōngzuò	57(05)
公司	gōngsī	51(04)
拐	guǎi	126(11)
贵	guì	118(10)

H

还	hái	116(10)
还是	háishi	136(12)
孩子	háizi	67(06)
海淀区	Hǎidiànqū	126(11)
韩国人	Hánguórén	47(04)
汉语	Hànyǔ	40(03)
好	hǎo	27(02)
好吃	hǎochī	136(12)
号	hào	86(07)
号码	hàomǎ	96(08)
喝	hē	109(09)
和	hé	57(05)
很	hěn	37(03)
后边	hòubian	129(11)
后海	Hòuhǎi	128(11)
滑雪	huáxuě	106(09)
欢迎	huānyíng	40(03)
会	huì	106(09)
火车站	huǒchēzhàn	127(11)

J

机场	jīchǎng	127(11)
几	jǐ	57(05)
记得	jìde	96(08)
加	jiā	96(08)
家	jiā	57(05)
见	jiàn	27(02)
见面	jiànmiàn	111(09)
件	jiàn	99(08)

教	jiāo	106(09)
角	jiǎo	120(10)
叫	jiào	47(04)
教室	jiàoshì	37(03)
接	jiē	108(09)
结婚	jiéhūn	68(06)
姐姐	jiějie	58(05)
斤	jīn	116(10)
今年	jīnnián	67(06)
今天	jīntiān	86(07)
近	jìn	130(11)
九	jiǔ	68(06)
九十	jiǔshí	89(07)
九十一	jiǔshíyī	89(07)
酒	jiǔ	109(09)
就	jiù	96(08)

K

咖啡	kāfēi	138(12)
开车	kāichē	107(09)
开学	kāixué	130(11)
看	kàn	86(07)
看书	kànshū	88(07)
可爱	kě'ài	51(04)
可以	kěyǐ	106(09)
刻	kè	87(07)
课	kè	86(07)
空	kòng	96(08)
口	kǒu	57(05)
块	kuài	116(10)
快	kuài	67(06)
快乐	kuàilè	102(08)

L

辣	là	109(09)
来	lái	39(03)
老师	lǎoshī	28(02)
了	le	67(06)
累	lèi	37(03)
离	lí	126(11)
礼物	lǐwù	99(08)
李民秀	Lǐ Mínxiù	47(04)

중국어 초급

간체자 쓰기노트

好
好 hǎo 좋다, 안녕하다 ㄑ ㄑ 女 女ˊ 好 好

见
見 jiàn 보다, 만나다 丨 冂 贝 见

谢
謝 xiè 감사하다 丶 讠 讠 讧 访 浏 详 详 谢 谢 谢

气
氣 qì 기체, 공기 丿 ㄈ 气 气

对
對 duì 맞다, 정확하다 フ 又 又ˊ 对 对

起
起 qǐ 일어서다 一 十 土 キ キ 走 起 起 起

没
沒 méi 없다, 가지고 있지 않다 丶 丶 氵 氵 氵 没 没

好

见

谢

气

对

起

没

忙	忙				
忙 máng	바쁘다				`丶丶忄忄忙忙`

累	累				
累 lèi	피곤하다, 힘들다				`丨口日日甲甲甲累累累累`

去	去				
去 qù	가다				`一十土去去`

哪	哪				
哪 nǎ	어느, 어떤				`丨口口叮叮叩哪哪哪`

也	也				
也 yě	또한, 역시				`フ也也`

很	很				
很 hěn	매우				`丿彳彳彳彳彳很很很`

呢	呢				
呢 ne	~은? ~은요?				`丨口口口尸呢呢呢呢`

忙					

累					

去					

哪					

也					

很					

呢					

叫	叫					
叫 jiào	이름을 ~이라고 하다, 부르다					ㅣ 冂 冂 叫 叫

是	是					
是 shì	~이다					ㅣ 冂 日 日 旦 早 是 是 是

么	么					
么 me	어조사					ノ 么 么

谁	谁					
誰 shéi	누구					㇏ 讠 讠 讠 讠 诈 诈 谁 谁

她	她					
她 tā	그녀					㇛ 女 女 如 奶 她

韩	韩					
韓 hán	한국					一 十 ナ ナ 古 古 直 卓 卓 卓 韩 韩

儿	儿					
兒 ér	아이					ノ 儿

叫

是

么

谁

她

韩

儿

家	家					
家 jiā	집, 가정					丶 宀 宀 宀 宇 穷 豕 豕 家

爸	爸					
爸 bà	아버지, 아빠					丿 八 父 父 父 谷 爸

妈	妈					
媽 mā	어머니, 엄마					乚 乂 女 女 妈 妈

弟	弟					
弟 dì	남동생					丶 丷 丷 弟 弟 弟 弟

妹	妹					
妹 mèi	여동생					乚 乂 女 女 妹 妹 妹 妹

独	独					
獨 dú	단일한, 홀로					丿 犭 犭 犭 犯 犯 独 独 独

银	银					
銀 yín	은, 은빛					丿 丿 钅 钅 钅 钌 钌 钌 银 银

家

爸

妈

弟

妹

独

银

多	多					
多 duō	많다, 얼마나				ノ ク タ タ 多 多	

快	快					
快 kuài	빠르다, 빨리			` ` ` 忄 忙 忙 快 快	

了	了					
了 le	완료, 변화를 표시					ㄱ 了

纪	纪					
紀 jì	연대, 기				ㄥ ㄥ ㄠ 纟 纪 纪 纪	

爱	爱					
愛 ài	사랑하다, 좋아하다		` ` ` ` 爫 爫 爫 爫 爫 爫 爱 爱	

今	今					
今 jīn	현재, 지금				ノ 人 스 今	

孩	孩					
孩 hái	애, 어린이, 아이		ㄱ 了 孑 孑 孖 孖 孩 孩 孩	

*점선을 따라 종이 안쪽을 눌러 접은 후 천천히 뜯어 사용하세요.

多

快

了

纪

爱

今

孩

现	现					
现 xiàn 현재, 지금					一 二 子 子 王 珂 玑 现	

点	点					
点 diǎn 시					丨 卜 占 占 占 卢 点 点	

分	分					
分 fēn 분					丿 八 分 分	

迟	迟					
遲 chí 늦다, 지각하다					一 コ 尸 尺 尺 识 迟	

号	号					
號 hào 일, 번호					丨 口 口 号 号	

看	看					
看 kàn 보다					一 二 三 三 手 手 看 看 看	

视	视					
視 shì 보다, 살피다					丶 礻 礻 礻 初 初 视 视	

现

点

分

迟

号

看

视

给						
給 gěi	~에게, ~를 위해서					⺃ ⺅ ⺓ ⽵ ⽵ 给 给 给 给

打						
打 dǎ	(전화를) 걸다					一 十 扌 扩 打

话						
話 huà	말					丶 讠 讠 迁 迁 迁 话 话

喂						
喂 wéi	(전화상에서) 여보세요					丨 丨 丨 口 口 四 四 四 喂 喂 喂 喂

问						
問 wèn	묻다					丶 门 门 问 问 问

就						
就 jiù	바로					丶 亠 亠 古 古 言 京 京 京 就 就

起						
起 qǐ	일어서다, 올라가다					一 十 土 土 丰 走 走 起 起 起

给

打

话

喂

问

就

起

会	会					
會 huì	~을 할 줄 안다				ノ 人 ム 스 슴 会	

能	能					
能 néng	~을 할 수 있다				ム ム ゟ 幺 幺 肖 能 能 能	

以	以					
以 yǐ	~으로, ~을 가지고				L レ 以 以	

棒	棒					
棒 bàng	멋지다, 대단하다			一 十 才 木 オ 杧 杧 棒 棒 棒 棒 棒		

滑	滑					
滑 huá	미끄럽다		丶 氵 氵 沪 汩 汩 濆 浯 滑 滑 滑			

次	次					
次 cì	차례, 번, 회				丶 冫 冫 汐 次 次	

题	题					
题 tí	제목, 문제		l 冂 日 日 且 早 昰 昰 是 足 趔 趔 题 题 题			

会

能

以

棒

滑

次

题

要	要					
要 yào	필요하다, 원하다, ~하려고 하다				一 西 西 要 要 要	

一 西 要 要 要

试	试					
試 shì	해 보다, 시험하다, 시행하다				` 讠 讠 讠 讠 试 试	

找	找					
找 zhǎo	(돈을) 거슬러 주다				一 十 扌 扌 找 找	

别	别					
別 bié	별개의, 다른				` 口 曰 号 另 别 别	

钱	钱					
錢 qián	돈, 값, 금액				钅 钅 钱 钱 钱	

块	块					
塊 kuài	중국의 화폐 단위				一 十 圵 块 块	

装	装					
裝 zhuāng	치장하다, 옷차림				装 装 装 装 装	

要

试

找

别

钱

块

装

怎	怎					
怎 zěn	왜, 어째서					ノ ← ← 午 乍 乍 怎 怎 怎

走	走					
走 zǒu	걷다, 가다					一 十 土 キ キ 走 走

拐	拐					
拐 guǎi	방향을 바꾸다, 돌아가다					一 寸 扌 扚 拐 护 拐 拐

边	边					
邊 biān	가장자리, 가, 쪽					フ 力 力 边 边

附	附					
附 fù	따르다, 접근하다					了 阝 阝 阝 附 附 附

离	离					
離 lí	~에서, ~로부터, 분리하다, 헤어지다					ヽ 亠 夲 ゙丂 离 声 离 离 离

铁	铁					
鐵 tiě	쇠, 철					ノ 𠂉 𠂉 𠂉 钅 铁 铁 铁 铁 铁

怎

走

拐

边

附

离

铁

想	想					
想 xiǎng	바라다, ~하고 싶다, 생각하다				一 十 才 木 术 相 相 相 相 相 想 想 想	

听	听					
聽 tīng	듣다, 캔, 통				丨 丨 口 口 听 听 听	

说	说					
說 shuō	말하다				丶 讠 讠 讠 讱 说 说 说 说	

尝	尝					
嘗 cháng	맛보다, 시식하다				丨 丨 丷 丷 尚 尚 尝 尝 尝	

菜	菜					
菜 cài	요리				一 艹 艹 莱 菜 菜 菜 菜 菜 菜 菜	

单	单					
單 dān	하나의, 단독의				丶 丷 丷 单 单 单 单 单	

还	还					
還 hái	게다가, 더				一 ㄱ 不 不 不 还 还	

想

听

说

尝

菜

单

还